马牧西先生行医三十八周年纪念

大医精诚
——回族中医马牧西传

于泽俊 ◎ 著

图书在版编目（CIP）数据

大医精诚：回族中医马牧西传/于泽俊著. --北京：华夏出版社，2018.6

ISBN 978-7-5080-9389-5

Ⅰ．①大… Ⅱ．①于… Ⅲ．①马牧西—传记 Ⅳ．①K826.2

中国版本图书馆 CIP 数据核字（2017）第 321789 号

大医精诚

著　　者	于泽俊
责任编辑	梅　子　阿　修
封面设计	李媛格
责任印制	顾瑞清
出版发行	华夏出版社
经　　销	新华书店
印　　装	三河市万龙印装有限公司
版　　次	2018 年 6 月北京第 1 版 2018 年 6 月北京第 1 次印刷
开　　本	880×1230　1/32 开
印　　张	7.5
插　　页	4
字　　数	168 千字
定　　价	33.00 元

华夏出版社　地址：北京市东直门外香河园北里 4 号　邮编：100028
网址：www.hxph.com.cn　电话：(010)64663331（转）
若发现本版图书有印装质量问题，请与我社营销中心联系调换。

马牧西

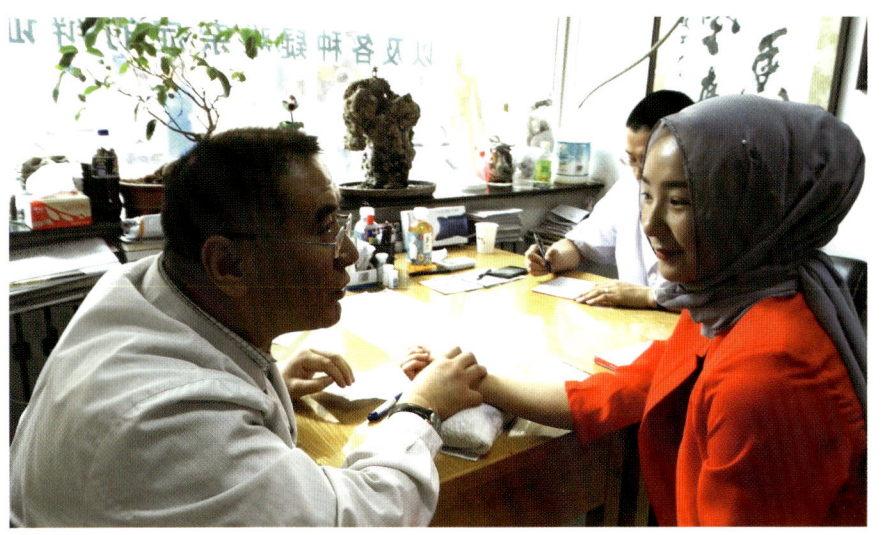

马牧西在给一位回族姑娘诊脉

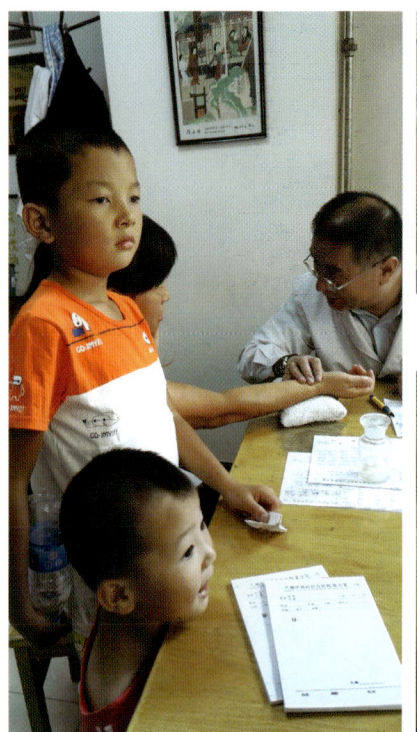

孩子们都很放松

为同族老人诊脉

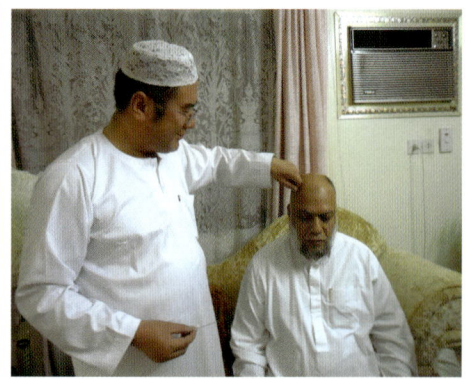

朝觐期间为沙特患者做针灸治疗

这位妇女患的是乳腺增生，经四次治疗痊愈

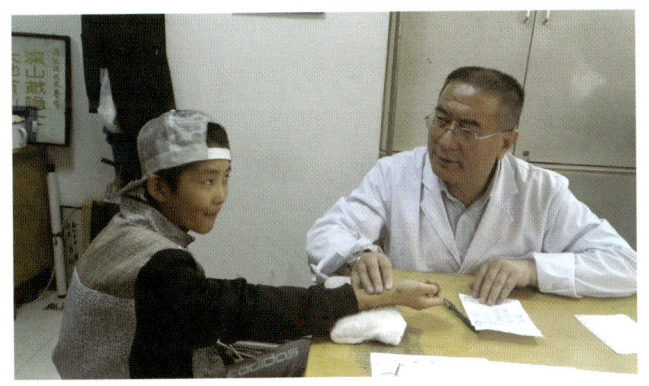

来自兰州市永登县的张宝明小朋友

正在候诊的藏族僧人

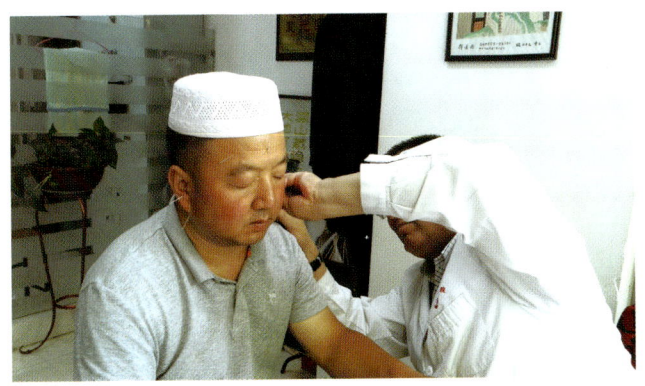

为临夏大拱北阿訇杨和芳做针灸治疗

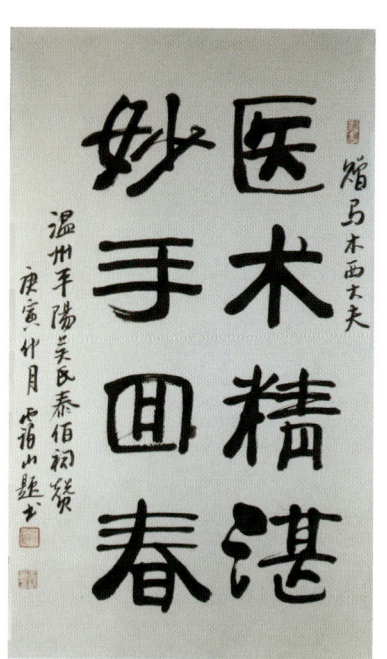
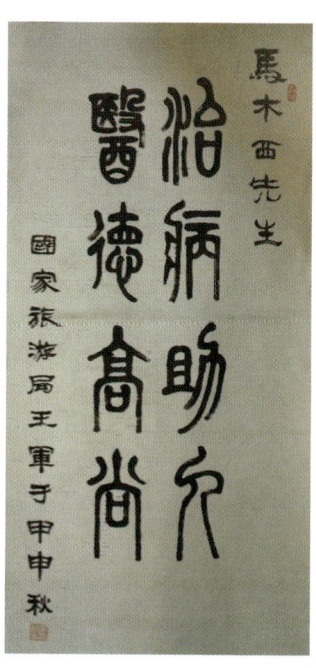

患者赠送的（部分）书画作品

毕家场拱北马宗生先祖的墓堂

毕家场拱北

麦加克尔白天房

马牧西在麦加

在麦加

马牧西夫妇在麦加

在父亲和先祖坟前

马牧西一家在列祖列宗坟前举行祭奠活动，马牧南在为逝者诵经

马牧西的母亲马英梅

马牧西、马牧南和母亲在一起

全家福

目　录

序　章　金城名医 ································· 1

第一章　家　世 ································· 28

第二章　父亲马正隆 ······························ 37

第三章　漫漫学医路 ······························ 45

第四章　誉满金城 ································ 59

第五章　贤妻陕桂芳 ······························ 72

第六章　大医精诚 ································ 89

第七章　在真主的指引下前行 ····················· 104

附录一　医德与医术 ····························· 120

附录二 马牧西医案选编 ·· 137
　　一、慢性萎缩性胃炎：十二指肠球部溃萎缩 ············ 137
　　二、支气管哮喘 ·· 147
　　三、妇科病 ·· 152
　　四、其他杂症 ·· 164

后　记 ·· 233

金城名医

在甘肃兰州,马牧西这个名字几乎是家喻户晓。他是一位回族中医,今年60岁,现在兰州市永昌路中西医结合医院坐堂,平均每天有120多位患者慕名而来找他看病,最多的时候他一天接诊230多位病人,三十多年来一直如此。到目前为止,他接诊的人数已经超过120万人次,这在医学史上不能不说是个奇迹。古今中外几乎没有一位医生能够接诊这样多的病人。他治好的病人、病例不计其数,很多疑难病症大医院都没有办法,却在他手里奇迹般地治愈了,有些患者已经被医院判了死刑,却在他这里起死回生。在他的诊室和诊所走廊的墙上,到处贴满了人们送来的感谢信、表扬信、锦旗和牌匾,上面写着"妙手回春"、"手到病除"、"华佗再世"、"德昭技高"、"大医精诚"、"悬壶济世"等赞誉之词;还有许多在他这里看过病的书法家、艺术家的书画作品和题字,有"杏林妙手"、"仁心济世"、"梅花香自苦寒来"等,有的干脆称他为神医。马牧西是何人?为何会有这样大的影响?事情得从20世纪80年代说起。

1. 久病盼良医

1988年冬，我正在北京读研究生，学校已经快放假了，突然接到一位同事从兰州打来的电话，说我爱人生病住院了，让我赶快回去一趟。研究生宿舍只有走廊上有一部传呼电话，是别的同学接到转告我的。我问电话是谁打来的，我爱人得的什么病、在哪里住院，那位同学只知道是我原工作单位的一位同事打来的，别的细节一概不知。那时人们主要的通讯方式是写信，其次是发电报，很少有人打长途电话，用电话告知，想必事情比较严重。我急忙请了假，匆匆赶回兰州。回到家，家里挂着窗帘，门锁着，我没带钥匙，赶忙去单位托儿所，看看孩子在不在，阿姨说，孩子这几天没送来。我愈发感到心情沉重，血直往脑门上涌，心里不停地默念着两个字：冷静，冷静！

几经周折，总算打听到了妻子住院的地方：兰州石油化工机器厂职工医院。两位主治医生十分负责地向我介绍了病情。我爱人得的是急性肾小球肾炎，肌酐、尿素氮等各项指标都已严重超标，尿蛋白达到四个＋号，我见到她的时候，她浑身浮肿，脸已经肿得走了形，几乎认不出了。病来如山倒。医生采取了各种治疗办法，激素量用到了每天60毫克。对一般病人来说，用到这个剂量总会有一定效果，可是我爱人对激素不敏感，吃了很长时间没有一点反应，连激素常见的副作用也不明显。从住院起，医生就采取中西医结合的治疗方案，请本院的中医开了方子，吃了几十副中药，仍不见效。征求医生同意之后，我带她到甘肃省中医院、省中医学院附属医院找了几位省内最有名的中医诊治，其中一位是甘肃省中医学院的院长、省内首屈一指的名医于己柏先生，又吃了几十副中药，仍不见丝毫效果。

有病乱投医，在医院没有办法的情况下，我开始到处寻找偏方，只要一听说哪里有治肾病的偏方，立刻就想办法去找。有人告诉我安徽淮北市有位私人医生家有祖传秘方，治肾病很有效，我二话没说，登上火车就去了淮北。我想拿上药就走，医生说药得现用现配，让我等一天，他连夜给我配。我在他家住了一个晚上，第二天早晨，他给了我七个碗底大小的刚配好的小药饼，他说，不能让药饼干了，也不能让药受热变质，于是我到街上现买了一个保温桶把药提回了兰州。我爱人服药之后腹泻不止，肿消了不少，但是化验指标一项也没降下来。事后我才弄明白，这药是给尿毒症病人用的，在医学不发达的年代，用这种排泄方法可以适当消肿，延缓生命，但是治不了病。又有人告诉我吃啥补啥，教给我各种各样的吃猪腰的方法，还试过用蜈蚣蒸鸡蛋，都不起作用。后来我又打听到把猪鬃焙焦后研成粉，用黄酒服下，一天三次，即可见效，于是我托人到省供销社买了十斤猪鬃，用瓦片焙成焦炭状，连着焙了几天猪鬃，弄得我浑身上下都是焦臭味，还是没能治好我爱人的病……

半年时间过去了，各种能试的方法都试了，仍然没有任何效果，我向院方提出转院。这个转院申请早就提出了，院方一直没批。兰石厂医院虽说是一家职工医院，医疗水平并不差，完全可以和兰州市的正规医院相比，院内能治的病一般不外转，现在半年过去了仍不见效，医院只好同意转院。于是我爱人又住进了甘肃省人民医院。

负责她的两位医生都是省内顶尖级的专家，他们详细研究了我爱人的病史和治疗过程，决定加大激素量，加到每天120毫克。

在兰石厂医院，用到 60 毫克医生就不敢再加了，听说要加倍，吓了我一跳，问医生这样做有没有危险，副作用大不大？医生说，重症用猛药，不这样做你爱人的病恐怕没法攻克。这样大的剂量虽然很少用，但是根据我们的经验，不会有什么危险。我战战兢兢地同意了这个治疗方案，可是吃了一段时间之后，还是一点反应都没有，尿蛋白还是四个+号，各项指标仍然居高不下。激素不行，就只有采用化疗了。十几天后，我爱人的头发开始脱落，没多久就掉得所剩无几了，我给她买了毛线帽，没收了她的镜子，即便如此，也没办法使她心灵上不受到伤害，没有什么比毁坏容貌更能让女人伤心的了。假如付出这样的代价能换来病情的好转倒也值得，可是她的病油盐不进，这么大剂量的激素、化疗对她都不起任何作用，眼看着病情一天天加重，脸肿得像个南瓜，眼睛都睁不开了，皮肤肿得发亮，手腕上挣开了一道道的小口子，向外渗着血珠。医生给她用了利尿药，吃完之后，开始不停地上厕所，24 小时之内，体重竟然降了 9 公斤。看到她的肿胀渐渐消退，我心里正暗自高兴，医生告诉我，这样的排尿法是十分危险的。从那以后，医生再也没给她用过利尿药。

在省人民医院住了四个多月，我爱人的病情毫无起色。医生说，从来没见过这样的患者，任何治疗措施都不起作用。终于有一天，医生告诉我，这样的病短期内没有什么好办法，你先把你爱人接回家去慢慢调养吧。我知道，医生这是委婉地告诉我，他们已经没办法了。虽然住院是公费医疗，但是很多药，特别是在外院抓中药是不报销的。我爱人病了将近一年，不仅花光了我们所有的积蓄，还借了上千元的债，这对我们这个每月只有百十元收入的家庭来说，确实是个沉重的负担。医生让她出院，也是为我们的经济状况考虑，再住下去已经没有意义了。我几乎陷入了绝望。我爱人对自己的病早已不抱信心，那段时间，她张口闭口就要给我交代后事。她有一个戒指，那是结婚时我给她买的，是我们家里唯一值点钱的东西，她几次把戒指褪下来交给我，说是要留给女儿，我几次又给她戴上。我对她说，你放心，我就是自学医学也要把你的病治好！可是省内那么多著名的中西医都没办法，我真的能治好她的病吗？即便我花几年时间学习能做一个好医生，她能等到那一天吗？我知道，这话只能是给她一点心理上的安慰。

  我并没有放弃，还在努力寻找各种偏方，甚至连那些江湖术士的禳解办法也不惜一试。听说定西市有位高人，禳解灾病十分有效，我便带她去了定西。那位高人懂一点周易，一进门就给我们打了一卦，是个需卦。卦象的爻辞中说"需于郊，利用恒，无咎"，意思是坚持等待下去，没有大的不利情况发生，还有"需于酒食，贞吉"之语。那天高人家里正好宰了一只羊，晚上用手抓羊肉款待我们。卦中另有一句爻辞是"有不速之客三人来，敬之终吉"，这让我十分振奋，因为除了我和我爱人，还有一位带我们来的朋友，恰好是三人，怎么会这么巧？解完卦，高人又写了一首诗，更是让我们兴奋不已，诗曰：

  明珠土埋日久深，无光无亮到如今，忽然大风吹土去，自然显露有重新。

  需卦是坎乾组合，土在上，天在下，大风吹土即可重见天日，真是上上大吉呀。

这次拜访高人给了我爱人极大的信心，相信这病是能治好的，连我也平添了几分信心。至今我仍认为，那位高人的确是有点真东西的，冥冥之中似乎被他说中了点什么。因为带我们去的朋友是懂周易的，卦是我爱人扔了六次铜钱扔出来的，做不了假，扔出这么一卦，真可谓大吉大利。可是回到家后，病情依然不见好转。我爱人兴奋了几天后，眼光又逐渐黯淡下来，我的心里重又塞满了乌云，眼看着她的病一天天加重，我束手无策，真是叫天天不应，叫地地不灵。她才三十多岁，难道就这样眼睁睁看着她离我而去？

就在我几乎绝望的时候，有人告诉我，有位回民中医叫马牧西，能治各种疑难杂症，不妨找他看看，不过他的号特别不好挂，你要早点去。

第二天一大早，我就来到（兰州）南昌路名老中医门诊部，还不到上班时间，号已经挂完了，我找到门诊部主任，苦苦哀求，希望能给我补一个号，主任说，实在是没办法，现在已经挂出去两百多号了，估计到晚上八点也看不完，你明天早点来吧。我问清楚了是早上六点钟开始挂号，第二天一早五点多就赶到了门诊部，谁知排队挂号的已经有三四百人，还是没挂上。一起排队挂号的朋友告诉我，这里挂号从前一天下午下班就开始排队了，他是夜里两点来的都没挂上。

当天下午五点多，我穿着军大衣，骑着自行车，带着小板凳来到门诊部排队。门诊部刚刚下班，门口有几个人在排队，我庆幸自己来得还算早，人不多。到跟前一看，人倒是不多，可是地上排着一大溜板凳和砖头，砖头下面押着排队的号码，有位义务维持秩序的患者家属，一面排队一面给大家发号，轮到我已经是56号了。

序　章　金城名医

　　我领了写着号码的纸条，把小板凳排在 55 号板凳后面，心里踏实了不少，赶紧回家去做饭。吃完饭，心里还不踏实，怕有意外变化，又回到门诊部去排队。正是隆冬季节，太阳一下山，气温骤降，阵阵寒风吹来，冻得人瑟瑟发抖，我虽然穿着军大衣，两脚依然冻得发麻，在门口排队的人们不停地来回走动着，时不时地跺跺双脚。有的人冻得实在受不了，从附近找来一些纸箱子点燃烤火，于是排队的人立刻在火堆边围了一圈。不一会儿，又增加了几堆篝火，有的是临时在附近捡的柴火；有的是早有准备、用自行车从家里带来了大捆的木柴，看样子是准备烧一夜的；还有一位干脆把家里的蜂窝煤炉子搬来了。每堆篝火周围都围满了人，大家在一起有一搭没一搭地聊着天，不一会儿就都成了朋友。聊着聊着，旁边忽然有人打了起来。原来是两个排队挂号的发生了冲突，一位后来的顾客把前面砖头下压的写有排队号码的纸条抽走了，把砖头也扔到一边，换成了自己的小板凳，为此两个人打了起来。在众人的劝阻声中，两人不再撕扭，但是谁也不肯把号让出来，那位义务维持秩序的顾客说再给他们发一张号，但是谁也不肯领后面的号。我看两人互不相让，便把自己的号给了其中一位，又领了一张 101 号。

　　本来我打算过来看看，如果秩序好，就和后面的人说一下，回去睡一觉再来。看到这种情况，也不敢走了。那些捡了柴来点篝火的，因为准备不充分，不一会儿就烧完了，大部分篝火很快就熄灭了。我四处走动着活动双脚，忽然发现对面一个小院子里还亮着灯，里面人声嘈杂，不知在干什么，问旁边一起排队的"队友"，他告诉我说，那是马大夫的诊室。

　　马牧西大夫的诊室不在门诊部，而是在门诊部对面的小院子里，那个院子是门诊部租下来专门给马大夫做诊室的。我怀着十分好奇的心情走进了院子。已经是晚上八点多了，院子里还站着满满一院子的人，门口也挤满了人，出出进进都很不方便，一个满脸大胡子的彪形大汉站在门口维持秩序，后来我才知道，那是马大夫的一位回族朋友，每天义务在这里维持秩序。他嘴里不停地喊着、呵斥着，仍然挡不住人们往里挤，窗户上还趴着好几层人在往里面张望。我闲着没事，很想一睹马大夫的风采，仗着天黑遮脸，也顾不得斯文了，随着拥挤的人群偷偷挤进了诊室。

那间只有十几平方米的诊室挤了足有二三十人，屋子里空气十分污浊，当中炉子里散发出的煤烟味儿和人们身上的汗臭以及几十个人呼吸出来的口气味道混杂在一起，让人感到一阵阵恶心。

我以为马大夫一定是一位鹤发长髯的长者，谁知竟然是个小伙子，三十出头的年纪，皮肤白皙得像个大姑娘，脸上棱角分明，轮廓十分清晰，下巴微微向前撅，显然带有西方人的血统。他左手号脉，右手开方，嘴里询问着病人的病情，看起来就像《三国演义》中的庞统断案，眼看耳听手写嘴发落，一刻不停，右手刚把方子开好，左手已经搭上了下一位患者的脉搏，平均给每个人看病不超过五分钟。他这副样子让我一下子联想到欧美电影中那种王子的形象，对，只有王子才有那样的风采。年轻的马牧西精力过人，他早晨七点就来上班，已经在这里坐了十三个小时，脸上看不出一点疲劳的痕迹。一位患者家属挤到跟前对马大夫说："马大夫，求求你，给我加个号吧，我屋里的病得不行了。"

马大夫抬头看了看他说："求求你，明天再来吧，你看，我的手已经成鸡爪子了，张不开了。"

序　章　金城名医

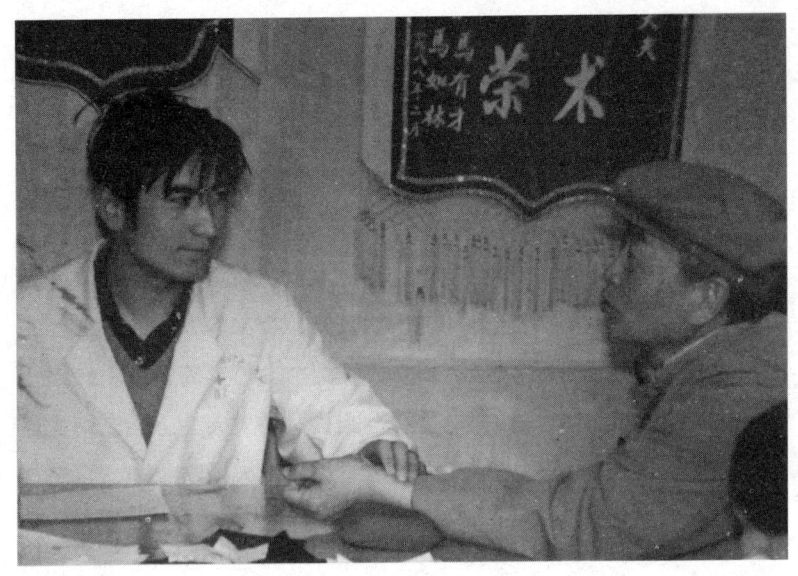

　　说罢，马牧西抬起右手给他看，只见他中指上有一个蓝色的深深的窝，那是整天握笔开方压出来的，手指已经伸不开了。

　　那是我第一次见到马牧西。

　　第二天，我带着我爱人来到门诊部，此时她已经病了一年，住院住了十一个月，药物的摧残和食欲不振，使她的体质急剧下降，连下地行走都困难了。我专门在单位要了一辆小车，单位的女团委书记也是来找马大夫看病的，和我一起架着她走进了诊室。我很想把她的病史和一年来的诊治情况详细对马大夫说一说，但是后面排队等着的人太多，根本容不得我细说。我尽量简明扼要地说明了情况，马大夫只字未答。他的脉功很好，不用病家开口，便能把各种症状说清楚。我在一边说，他似听非听地号完了脉，对我爱人说："你是左肾疼，右肾不疼，左边重右边轻。"这和西医检查的结果是完全一致的。我还想再说说我爱人的病史和治疗过程，马大夫已经开好了方子，递给我说："这五副药吃完你带她到医院化验一下，我可以保证尿蛋白能降到两个＋号。"

马大夫的话我根本不相信，因为在此之前我爱人已经吃过150多副中药了，方子大都出自省内最有名的几位老中医之手，没有任何效果，五副药怎么可能见效？吃完这五副药，我们又来找马大夫，马大夫问，去化验了没有？我说没有。马大夫说，这次吃完你去化验一下试试。吃到第九副药的时候，我拿着妻子的尿样到省人民医院化验了一下，尿蛋白果真成了两个＋号。苍天有眼，终于让我们看到了希望。我兴奋得手舞足蹈，对马大夫的感激之情无以言表，同时耳边又想起那位高人的声音：忽然大风吹土去，自然显露有重新。难道马大夫和他的药就是诗里说的大风？

2. 起死回生

我爱人病了一年多，在马大夫那里就医，是她的病起死回生的转折点。也许是精神的力量，也许是药力的作用，十副药之后，我爱人已经能够自己走动了。我用自行车带她去诊室，她可以自己上车了。后来，她的病彻底治愈，并且可以上班了，中间有过反复，是由于其他原因引起的，有些问题也不是医药能够解决的。这里要告诉读者的是，我爱人现在依然健康地活着，她已经退休了，每天在家为我洗衣做饭。

像这样把患者从死亡线上拉回来的病例不止一例。也是在20世纪80年代，甘肃青年作家张俊彪因积劳成疾住进了兰州军区陆军总医院。张俊彪是一位卓有成就的作家，著有长篇小说《幻化》三部曲（《尘世间》《日不食》《生与死》）和《省委第一书记》《鏖

序　章　金城名医

战西北》等颇有影响力的作品。在部队时，因卫生员大量滥用抗生素导致胃部大出血，之后又发现血尿、蛋白尿，很长时间无法治愈，身体每况愈下。他在兰州几家大医院先后住院检查诊疗，不同专家得出了不同的结论：肾小球肾炎、隐匿性肾炎和局灶性肾炎等。此后打听到兰州陆军总医院泌尿科主任是治疗肾病的权威，便抱着极大的企冀住院投医，希望有一个准确的病症结论并形成符合病情的诊疗方案。不料，住院的第二天医生就给他判了死刑。一位很权威的主治医生当着众多学生的面说："他的肾病已经进入晚期，如果控制得好，最长能够维持一半年；弄得不好，两三个月后就可能进入肾衰竭阶段。"

张俊彪不服这个判决，一气之下，当即办理了出院手续。他不相信自己年轻的生命会这样轻易地结束，但是医生的话依然给他造成了很大压力。省内各大医院都去过了，中药也吃了不少，还是不见效，这个病难道真的没治了？一想到自己还这么年轻，就得了这样的病，想到自己某一天会突然离去，张俊彪心里就感到一阵阵悲哀，他决定在有生之年一定要多做一点对国家有益的事情，于是索性放弃了治疗，全身心地投入了工作。时值"文化大革命"结束后的经济复苏阶段，省上决定成立国有企业调研小组，时任省委宣传部某处处长职务的张俊彪任组长，对几家大型企业展开为期半年的巡视调研，最后形成关于国有大型企业现状与发展的调研报告，供省委领导决策参考。在巡视的企业当中，就有甘肃省经济协作办公室下属的几家企业，包括马牧西所在的名老中医门诊部。张俊彪听说马牧西能治疗各种疑难杂症，便抱着试一试的态度走进了马牧西的诊室。

见到马牧西时，张俊彪的病情已经很严重了，血尿、蛋白尿，肌酐、尿素氮等各种化验指标高得吓人，号过脉之后，张俊彪问："马大夫，您看我这个病还能活多久？"

马牧西道："你还这么年轻，怎么会想到活多久的问题？"

"可是医生已经给我判了死刑了。"

"这是谁说的？"

张俊彪没有正面回答，反问道："您说我这个病还能治吗？"

马牧西肯定地说："当然能治。"

马大夫听说他还在参加调研，让他立刻停止工作休息，张俊彪没有听他的，一面吃药一面继续调研，没想到只吃了七八副药，就已经明显地感到治疗有效果，三个月后病情居然有了根本性的好转，不到一年的时间，他已经完全恢复了健康。病愈之后，张俊彪不知该怎样表达自己的感激之情，提笔写道：

深山藏隐士，大地有仙踪。
杏林三月茂，人间四时春。

张俊彪先生的题词

序　章　金城名医

　　后来，张俊彪调到了深圳，一直担任深圳市文联主席直至退休。在此期间他一直笔耕不辍，又出版了多部很有影响力的作品，其中包括由他主编的四卷本的《大中华二十世纪文学简史》。

　　我与张俊彪先生有缘，当年在门诊部看病时恰巧碰到过他，他是名人，我认识他，他不认识我，没想到三十年后我们又在马牧西的诊室里相遇了。他和我都是马大夫的老朋友。下班之后，马大夫约我们一起到一家穆斯林餐厅坐了坐。张俊彪已经退休了，依然满面红光、精神矍铄，十分健谈。说起当年治病的经历，张俊彪十分感慨地对马大夫说：当年医生已经给我判了死刑，你又让我多活了三十多年啊！马大夫望着张俊彪说，我看你这样子，还能再活三十年。

　　像这样的病例，马牧西大夫医好的不止一例。

　　1987年，49岁的雁滩菜农李兰香患肝硬化腹水，全身肿胀，肚子胀得像一面鼓，子女们把她送到了省传染病医院，治疗了十多天，丝毫没有好转，医生对李兰香的子女说，我们已经尽力了，没有什么更好的办法，回去准备后事吧。孩子们不甘心，又把李兰香送到了省人民医院，在省人民医院住了五十多天，病情依然没有起色。肚子肿胀得太厉害了，医生便给开一点利尿药，虽然没有明说，但是结论和传染病医院差不多：像她这种情况，医院没什么好办法，只能这么维持着，能维持到哪一天不好说。眼看母亲的病情一天天加重，连上厕所都要让人扶着。儿女们抱着最后一线希望带着母亲来找马牧西。没想到只吃了几副药，腹水就开始消退，不到一年的时间，李兰香就能下地干活了，种庄稼、种菜、卖菜都没有问题。病愈之后，李兰香给马大夫送了一面巨大的锦旗。

老人家是个菜农，没有社会职务，落款写的就是：雁滩李兰香。患者送给马大夫的各种锦旗、牌匾不计其数，门诊部墙上挂不下，过一段时间就要换一批，换下来的就放在门诊部的地下室里，有一次地下室发水，把这些锦旗、牌匾、题字都淹了，可惜我没能看到这幅锦旗。如今老人家已经78岁了，依然十分健康，依然可以下地干活。在马大夫的诊室，我见到了李兰香和她的女儿。老人家肝病已经完全好了，没有再复发过，到门诊部来看病是因为心脏的一点小问题。母女俩向我讲述了当年的诊治过程，老人家唏嘘不已，对我说：多亏了马大夫，我才活到今天。

和李兰香同样患肝腹水的一个青海男子，也是在当地无法救治的情况下，家属用小车把病人从青海送到兰州，送来时脸色蜡黄，走路发颤，腹大如鼓，肿得像水牛一样。吃了马大夫的药以后很快就有所好转，过了一段时间，就能自己到兰州来看病了……

马大夫这样从死亡线上救下来的病人不知有多少。笔者在采访患者时，在中西医结合医院门诊部遇到一位83岁的老大娘，身体看上去还十分结实，她是一个人从小西湖坐摩托车（载人公交）来的。一进医院大门，坐在大厅里的药房主任认识她，和她打了个招呼，老人家看了看他说："你不是马大夫！我要找马大夫！"马大夫闻声从诊室走了出来，将老人扶进诊室。原来这位老太太也是马大夫的老朋友，和张俊彪一样，三十年前患了肾病，在大医院久治无效，院方放弃了治疗让其出院。当时摆在老人面前的路就是回家等死。说到这一段经历时，老人家流出了眼泪，她说："当时我才50岁出头，非常强烈地想继续活下去，于是到处求医问药，到处寻找偏方，最后找到了马大夫。"初诊时血尿很严重，甚至伴有血块尿不下来,只吃了三副汤药小便就开始畅通了,几个月后,病情就有了根本性的好转。

3. 望闻问切

马牧西成名是因为看不孕症,不少结了婚没孩子的妇女吃了他的药都怀了孕,有了孩子,便一传十十传百地把马牧西的名字传开了。实际上马牧西最擅长的是治肠胃病、肝胆病,马牧西所有的方子都有炒三仙,这三味药是通肠胃的,他曾对我说,肠胃是交通要道,无论看什么病,先要把肠胃打通,肠胃不通,什么病也治不好。他不仅擅长肠胃病、肝胆病,治疗风湿病、腰椎病、红斑狼疮、过敏性紫癜等都是他的拿手好戏,他还治好过许多普通人见所未见、闻所未闻的奇奇怪怪的病症。

新疆塔城市二工镇二工村村长马建生,下颚习惯性脱臼,吃饭张不开嘴,稍张大一点下巴就掉下来了,一脱臼舌头伸出老长,直流口水,很吓人。开始的时候掉下来就去找医生,后来掉得多了,自己也能用手把下巴托回去,但是托回去以后还掉。这样持续了两三年时间,没有什么好办法治疗。后来试着给马大夫打了个电话,问能不能治,马大夫在电话里询问了病状病情,开了一个方子,吃了四五十副药就好了,现在已经过去了五六年时间,马建生的下巴再也没掉过。

来自宁夏的一位50多岁的男子患肠梗阻在兰医二院做了手术,做完手术已经两三个月了伤口还没愈合,来的时候腹部插着引流管,眼里含着泪水。马大夫给了他几包粉末药,是自制的秘方药,吃了两周,伤口就收住了。

甘肃靖远民营企业家王世录患溃疡性结肠炎二十多年，一直不能根治，病情时重时轻，出门要吃饭不是先找饭店，而是先找厕所，因为这个病里急后重，动作一慢就会有麻烦。他跑遍了各大医院，试遍了各种消炎药物，人瘦得皮包骨头了，还是治不好。后来找到马大夫，大约吃了一百副药就彻底治愈了，病好之后，王世禄来到中西医结合医院，当众给马牧西磕了个头。

甘肃省政法委书记杨作霖也是患这个病，久泻不止，肉不能吃，汤不能喝，延年不愈，很痛苦，在马大夫这里吃了一个多月的药就好了。

还有一位来自白银市的结肠炎患者，同时患有子宫肌瘤，长时间流血不止，在不少大医院看过，都没有效果。子宫肌瘤需要做手术，但因长年流血，炎症不消，手术也做不成，病情十分凶险。马大夫在给她治疗结肠炎的同时，在处方里加了软坚化结之药，不仅治好了她的结肠炎，子宫肌瘤也消失了。患者病愈之后，先后又介绍来七八位和她病状差不多的患者，基本上都得到了康复。

斑秃，是皮肤病中的一种疑难症，俗称鬼剃头，患者头发一片一片地脱落，十分影响容貌，特别是年轻人，得了此病之后内心痛苦不堪。兰州乳品厂的民营企业家付先生得的就是这个病，他的企业生产的酸奶完全是自己研制的配方，糖度不高，酸甜可口，而且不加任何添加剂，属于真正的绿色食品，大人孩子都爱吃，深受兰州市民的欢迎，企业效益蒸蒸日上。就在他的事业如日中天的时候，突然患了斑秃，头发一绺一绺地往下掉，他每天要接待大量的客户，与各方面的人打交道，这样一副容貌怎么见人？于是到处求医问药，曾经看过很多医院，也试过很多生发精类的药物，都不起作用，后来找到马大夫，马大夫用梅花针将脱发处刺破，然后涂上药，只擦了一次，头发就长出来了。

这种办法不仅用来治疗斑秃，由外伤引起的缺发也能治。47岁的患者王建华就是小时候玩耍时造成的外伤，导致头上落下一块核桃大的伤疤，不长头发。他从来没想过结疤处还能长出头发，四十多年过去了，也没有当回事，有人告诉他马大夫能治脱发，他说，我这是外伤，又不是脱发，怎么治？朋友们劝他试一试，于是他来到马大夫的诊所，马大夫也是用梅花针刺破了他的头皮，然后抹上药，过了没几天，伤疤处便有头发长了出来。

近年来，随着年龄的增长，马大夫自己也略微有点谢顶，也是用自制的药水给自己头顶上抹。他说他的症状是脂溢性脱发，体内分泌的油脂太旺太多，堵塞了毛孔，涂药不一定能再生发，但是可以起到脱脂作用，防止或减轻脱发。

斑秃和脱发症在马大夫这里治愈率很高。据马大夫讲，先天性的脱发不好治，后天造成的百分之九十以上是可以治愈的。一

治疗脱发用的梅花针

般患者，用梅花针刺破，涂上一两次药，半个月后头发就生出来了。并不是每个患者都需要刺破头皮治疗。原临夏市副市长、后来任甘肃省政法委副书记的马湘贤，还有定西香泉镇党委的干部陈平，都是得的这个病，也都是在马大夫这里治好的。

　　皮肤病中过敏性紫癜、牛皮癣、白癜风等都是比较难治的顽症，西医对这些病基本上没什么好办法，治愈率很低，但是在马大夫这里医好的病人却不计其数。过敏性紫癜、牛皮癣的治愈率在百分之七十左右。白癜风面积小的治愈率高，大面积的治愈率低一些。

　　痛风也是一种令人头疼的病，西医治疗一般都是注重预防，告诉病人不要喝啤酒，不要吃海鲜，不要吃容易引起痛风反应的食物，但是即使完全按医嘱去做，仍免不了时常复发，犯起病来疼痛难忍，用药物很难控制得住。但是在马大夫这里，治愈率却高达百分之五十。在兰州中西医结合医院，我遇到临夏市积石山

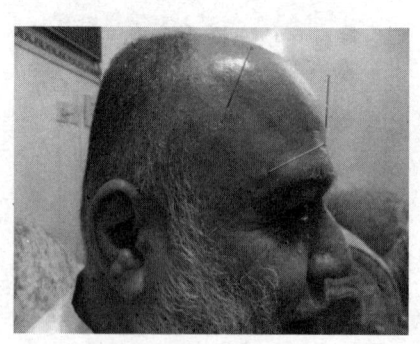

马大夫为患者做针灸治疗

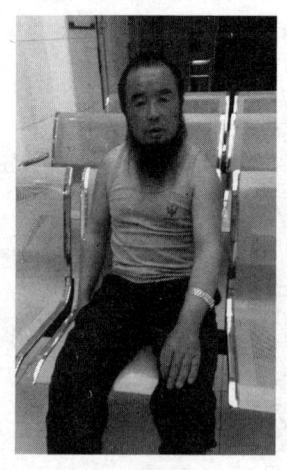

马尔萨

一位名叫马尔萨的回民患者,四十多岁,儿子刚刚出了车祸,被一个拉矿石的车压断了两根脚趾,在中西医结合医院住院治疗。他是跟着来陪护的,不料痛风发作,疼得连楼都下不了,别说照顾儿子,连自己的生活都困难了。儿子的一位病友告诉他,一楼中医门诊的马牧西治疗痛风很有办法,你何不找他去看看?马尔萨扶着楼梯一步步蹭到一楼,马大夫给他扎上针,不到一个小时,就能走路了,马大夫告诉他,再吃上二三十副中药就可以彻底治好。

新疆一位妇女脚跟长了骨刺,疼得不能走路,吃了马大夫几副药之后就能下地走路了,然后又服了四十几副中药就完全好了。

西医治疗骨刺一般是要采用手术治疗,而马大夫用的是中药中软坚化结的方子,这种疗法不仅用于治疗骨刺,更多的是用于治疗肿瘤。他就是用软坚化结之法,治好了很多肿瘤病人。青海省化隆县原交警队长、64岁的马福民,二十年前肝上长了一个海绵体肿瘤,有鸡蛋大小,在上海一家医院看了,要做手术,但手术风险很大,马福民没敢做。回到兰州后找到马牧西,希望能采取保守治疗方法。在马大夫这里断断续续看了一年多,一直吃中药,肿瘤慢慢消失了,至今马福民身体一直很好,仍和马大夫保持着联系。

西医分科很细,一所大医院往往能分出上百个科室,而中医只有内科外科、儿科之分,因此马牧西治过的病至少有几百种。我曾试图帮他统计一下,究竟医治过多少种病,但是始终搞不准确。

马大夫的针灸功夫也是一流的。2016年6月,宁夏石嘴山化工厂发生液化气爆炸,马大夫的表弟马英善在爆炸中受伤,左手做了皮肤移植,手术做完之后,手攥成拳头,伸不开了。他来找马大夫做针灸,马大夫只给他扎了一次针,握着的拳头就能松开了。本来再扎几次就可以完全康复，但是第二天病人不来了，过了几天还没来。对方是马大夫姑姑的孩子，马大夫很惦记，打电话问他为什么没来接着治，他说，先不看了，我先跟老板谈赔偿去，谈好了再来。石嘴山化工厂是一家私营企业，效益非常好，出了事故以后，老板想给马英善18万赔偿了事，马英善不同意，双方一直僵持不下。马英善担心马大夫把手治好，老板就有了少赔付的理由，所以才扎了一次针灸又跑回宁夏去了。马大夫在电话上责备他说："你真是要钱不要命，过了最佳治疗时间，就不好恢复了。"但还是没能劝动马英善，后来的结果不得而知。

马牧西是用什么神奇的办法治好了这么多疑难病症？有一次我问他，人们传说你看病很神，是不是有什么神秘的办法？是不是有一些祖传秘方？马大夫说，我的方子从不保密，谁来看都可以，谁要都可以给他，也没有什么祖传秘方，都是些普通的方子，每次给人看病时根据病情在配伍和剂量上做一些调整，因人而异，因时而医，因病下药，因症治疗。不墨守成规是他诊病的最大特点。由于他治好了许多疑难病症，被很多人神化了，不少人认为他的号脉功夫不是一般人能达到的，一定是有什么神秘的办法。于是我又问他懂不懂周易，看病时是不是需要一些掐算的办法？马大夫笑着说，我哪里会掐算，医易相通只是哲学意义上的相通，要学好中医是要懂一点易学，但绝不是靠能掐会算来看病。我说，那为什么别人看不好的病，到你这里就看好了？还是有些不肯告人的绝招吧？马大夫说，要说绝招，那就是传统中医的四个字：望、闻、问、切。

望、闻、问、切，其中最关键的是切脉。一个优秀的中医可以做到"病家不用开口，便知病情根源"。随着现代医学的发展，中西医结合已经成为一种趋势，中医也越来越多地依靠化验、X光透视、CT、超声波、核磁共振等西医检测手段检测病情，这样无疑增加了诊断的准确性，但是随之中医也在退化，越来越多的中医学院的学生已经不会切脉，而更多地依靠西医检测手段。马牧西却不是这样，他的诊断还是靠三个指头。

马大夫号脉的功夫有如神助，我曾专门观察过他诊脉的过程，看到过许多精彩场面。有一次，一位患者来看病，马大夫一搭脉搏张口便说，你的血压是90/140，那位患者说："我早晨刚刚量过，是100/140"，马大夫说："现在是90/140。不信咱们找个血压计量一量。"恰好患者中有一位带了腕式血压计，伸手递了过来，"看看马大夫说的准不准？"那位患者戴上血压计一量，果真是90/140，诊室里立刻一片喧哗，简直太神了！另一位患者坐下，马大夫把手往他脉搏上一搭，说："你的胆没了。"患者说，是的，前不久患胆结石，手术时摘除了。第三位患者患的是白癜风，但是外表一点看不出来，马大夫诊完脉后说出了结论，患者解开衣领，脖子上、胸前的白斑立刻露了出来。类似的情况，诸如得过肺结核，肺部有钙化点，做过什么手术之类的，他都能从脉搏上摸出来。

马大夫号脉，不仅能准确地说出病情病因，还能号出许多与病情毫无关系的身体症状。一位回族妇女来找他看病，马大夫边号脉边说："你超生了。"

那位妇女不好意思地反问道："你咋知道呢？"

马大夫笑着说："我咋不知道？你已经怀了五次孕，生过三个娃娃了。"

诸如此类的事情，经常让患者惊叹不已。比如头一天喝了酒，吃过洋芋、粉条之类的生活细节，他都能从脉象上看出来。一位患者吃着中药还在喝酒，马大夫很生气，说："你这样子怎么能指望病情好转？"患者矢口否认，说他没喝酒，马大夫说："算了吧，你昨晚上至少喝了半斤。"那位患者低头不语。

人们都知道马大夫的脉功好，却不知道他的"望"和"闻"的功夫一样厉害。有一次，几个朋友在一起吃饭，其中一位客人带着一个3岁的孩子，马大夫指着那孩子说："这孩子流鼻血。"

客人答道："是的，他流鼻血很厉害。"

马大夫道："右边鼻孔流得厉害，左边轻。"

"是的，你是怎么看出来的？"

马大夫说，当一个好大夫必须要有一双火眼金睛。从患者一进门，他就已经开始注意这个人了，从气色、相貌上就能判断出一些病状，再通过闻、问、切进一步证实自己的判断。在中医诊病的过程中，望的功夫与切脉同样重要。例如，神经系统的疾病、面瘫等，一眼就能看出来。重病人气色差，有经验的医生，从气色上就能大约判断出病情的轻重。

有一次，国家开发银行甘肃省分行的副行长李成来找马大夫看病，刚和马大夫打了个招呼，马大夫就说："你的鼻中隔偏曲。"在座的众人一起朝李行长望去，看不出鼻子有任何异常。李成却说，是的，我鼻中隔偏曲很严重，前几年做过手术。我问马大夫是怎么看出来的，马大夫说，我是听出来的，他一开口我就知道了。这就是中医所谓的"闻"。

闻应当包括听和嗅两重含义。听，不仅是要听说话声音大小、中气足否，还要听气息，听痰鸣音等。声带息肉、声带小结、声带囊肿、喉癌、肺气肿、哮喘、过敏性鼻炎、鼻塞等，都是听出来的。嗅，当然是指患者身上的各种气味，汗液、狐臭、脚气等都能闻出来。比如，口腔有异味说明胃有毛病。有时为了确诊的需要，还要嗅一嗅患者的大小便。

在西医传入中国之前，没有听诊器和化验之类的手段，听诊、化验甚至透视的功能都要靠医生的嗅、听器官来完成。所以，一个好的中医，不仅要有一副火眼金睛，还要有灵敏的听觉和嗅觉，我曾和马大夫开玩笑说，像我这样的年纪，还能不能做个好中医？马大夫说，可以做一个好的中医理论研究者，肯定是做不成好中医了。我问他为什么，他说，到这个年龄，你的视觉、听觉、嗅觉都已经退化了，很多病是没法判断出来的。

如今马大夫已经年近六十岁，依然耳聪目明，一位患者从门外走过，在没有其他噪音干扰的情况下，他能听出是男是女，多大年龄，甚至能听出此人患有某种能从声音传递出病情信息的疾病，譬如哮喘、严重的骨关节病等。

除了望、闻、问、切，马大夫的针灸功夫也是一流的，他每天从早到晚给人号脉开方子，也从早到晚给人扎针，他的诊室外面是排队等候叫号的，里面坐的几乎全是针灸治疗的病人。一批到时间走了，再换一批，直到诊室下班了，还有最后一批患者坐在那里等着拔针。

民间的验方、偏方一直是中医药学的一大宝库，新中国成立后曾发动过两次大规模的献方活动，可惜至今还没有人把这些民间验方、偏方整理出版。马牧西在行医过程中，从不拒绝使用各种偏方，有许多奇怪的偏方就是出自他的手。在他的诊室里、家里，窗台上、墙根下到处摆着大大小小的瓶瓶罐罐，里面泡着各种各样的中草药，那都是他自制的药物，这些药不知治好了多少疑难病症。

　　有一年夏天，我的肝区疼得很厉害，到医院检查，化验指标都正常，查不出病因，医生也没法采取措施。我心里很害怕，担心会不会长什么东西，便来找马大夫。马大夫用一小片纸包了三片药给我，药片是土黄色的，比一分钱硬币略小一点，马大夫说，回去吃了就不疼了。果真，服了马大夫的药，不到半小时疼痛就止住了。事后我问马大夫是什么病，马大夫说，按西医的说法，应该是肝神经疼。后来我问一些西医朋友，他们说根本没听说过有什么肝神经疼。第二年夏天我又患了急腹症，腹部莫名其妙地疼痛，既不是胃疼，也没有腹泻等肠胃方面的炎症，但是疼得直不起腰来，马大夫也是用几粒药片就把疼痛止住了。国家新闻出版总署的一位朋友，腿上患皮肤病，痛痒难熬，多年医治无效，听说马大夫能治各种疑难病，便专程从北京跑到兰州来找马牧西。马大夫给了他一瓶自制的药水，擦了不到一周皮肤症状就完全消失了。

　　一位病人患膝盖水肿，马大夫在药物和针灸治疗的同时，让患者用豆腐敷膝盖，患者说效果很好；一位满脸长满青春痘的小姑娘，马大夫在开药治疗的同时，让她把黄瓜捣成泥敷在脸上，第二次来复诊时，痘痘就不见了。像这样的例子举不胜举。

　　一个穆斯林老爷爷八十多岁了，经常便秘，大便下不来，这么大年纪的人不适合用泻药，马大夫吩咐在痰盂里放上水，加点清油，用煤气灶加热在肛门下面熏，熏了几分钟大便就下来了。

　　2012年9月，我患了神经性耳鸣，跑遍北京各大医院，吃过中药，做过针灸治疗，都没有效果。医生说这个病很难治，神经性耳鸣和神经性耳聋是亲兄弟，得了神经性耳鸣，十有八九会导致耳聋，有的医生直言不讳地告诉我，这个病迟早是聋，你就等着聋吧，聋了就好了，对身体也没什么影响。这话让人听了很不舒服。我不甘心，打电话给远在兰州（此时我已调北京工作）的马大夫，马大夫在电话里听我说了说症状，不一会儿，开了一个方子，用短信发了过来，我按照马大夫的嘱咐，吃了七副药，起色不大。此前我已吃过不少中药，均不见效，对马大夫的方子不是很有信心，于是又打电话给马大夫，问这个病究竟有治没治，马大夫坚定不移地说，有治，你放心吃药，这个方子再吃七副，吃完我再给你换个方子。如果治不好，我坐飞机到北京来给你治。我又吃了七副药，还是不见效。之后马大夫换了方子，第二个方子只吃了四副，我就没有信心了，剩下的三副药没吃。此时刚好有个到成都出差的机会，我对单位领导说，出完差我要拐弯到兰州去一趟，看看病，领导同意了。我想让马大夫当面号号脉，再换个方子试试，如果还治不好，就不治了。谁知到成都待了两天，耳朵居然不响了。到了兰州以后，我对马大夫说，出来的时候是找你看病来了，现在是给你报喜来了。

在治疗我的耳疾的时候，马大夫还用了一个偏方，让我晚上睡觉时在耳庭里放两片葱白，我立刻想到耳聪目明这个成语，觉得有点搞笑，心想这是什么偏方，纯粹是心理安慰。事后回想起来，这个偏方也不是没有道理。当时耳鸣严重，像鸽哨一样从早到晚不停地响，自己的全部注意力都在耳朵上，搞得精神很紧张，耳朵总是热烘烘得像火烧一样，贴上葱白以后，立刻觉得十分凉爽舒适，不那么难受了，我猜想贴葱白不光是心理疗法，也是减轻病人痛苦的一种办法，大概贴黄瓜片、萝卜片也能起到这样的作用，贴葱白不过是要用耳聪这个谐音，显得更吉利，更容易对患者起到安慰作用吧。

　　传统的中医是排斥西医的，认为西医是头痛医头，脚痛医脚，不解决根本问题。一个有水平的中医，即使不排斥西医，也会顾及自己的面子，不愿用西医的手段给人治病，害怕别人说自己没水平。西医对中医的排斥则更甚，偏见十分严重，认为中医治不了病瞎耽误事。1929年2月，国民政府召开第一届中央卫生委员会议，居然通过了一个废止中医案，认为中医理论荒唐怪诞，自欺欺人，阻遏科学化。在欧美一些国家，中药也遭到全面禁止，这纯粹是属于无知，或者是误解。

　　现代中医越来越重视中西医结合的治疗，很多西医医生对此也很重视。马牧西从学医开始就不排斥西医，他学医就是从给人打针开始的。在他行医的过程中，一直很重视采用西医疗法，从不偏激固执。尽管他的脉功很好，诊断没出过任何问题，对于病人带来的化验单、X光片和西医诊断结论他都不排斥，而是认真作为参考。有时患者在他这里治疗到一定程度之后，他也会让患者到西医院去做个检查。他自己也偶尔会给病人开点西药配合中药治疗。有一次，一位中学外语教师得了精神分裂症，患者亲属是马牧西的粉丝，十分迷信马牧西，相信马牧西一定能治好，就带着她到门诊部来看。马牧西给患者诊了脉，开了方子，还开了一味西药：氯丙嗪。本着对患者负责任的态度，他告诉患者家属，最好还是到精神病院再看看，西药对这种病见效快，采取中西医结合的办法比较好。患者家属听从马大夫劝告，让患者住进了兰州第三精神病院，一个月后，病人就基本康复了。出院以后，又在马大夫这里吃了一段时间的中药调养，二十多年过去了，患者再也没有复发过。

序　章　金城名医

　　前面提到我爱人患肾病，后来治好了，十五年后，一次偶然拉肚子，到某医院输液，输了大量磺胺，又引发了旧疾。磺胺类药物伤肾，肾病患者是禁用的，输液之前，我已向医生反复交代过，当时那位医生正忙着考职称，值夜班手里还抱着本复习资料在和同事讨论考题，根本没听见我说什么，还是开了磺胺，结果引起肾病复发。那些西药名我不认识，事后才知道用了磺胺。药物的作用需要一段时间才能反映出来，也很难说用磺胺是复发的唯一原因，为了避免纠纷，这里隐去医院和医生的名字，只说马大夫。这次复发很快导致了肾衰竭（尿毒症），我带着妻子去找马大夫，问他怎么办，马大夫告诉我，尿毒症属于肾病晚期，采用中药治疗，可以减轻症状，延长生命，但是没有办法根治，建议我们赶快到北京的大医院做移植。我们听从了马大夫的建议，到北京做了移植手术。在手术之前，我们一直坚持在马大夫这里看中医，效果一直不错，移植之后，便一直是看西医，到目前为止，我爱人患肾病已经三十年了，身体维护得一直还不错，这与马大夫的精心治疗和内行指点是分不开的。

第一章

家　世

马牧西祖上是波斯（今伊朗）人，先祖在盛唐时期便到中国来传教，世世代代居住在长安。到了清康熙年间，马家出了一位伊斯兰教的贤人马宗生，马牧西是马宗生的第九世孙。

马宗生从小聪明过人，成年后，父母亲把他送到长安西大街大学习巷开学阿訇王噶最门下，专心攻读阿拉伯语和伊斯兰教教义。在名师王噶最的教导下，经过十七年的刻苦学习，马宗生完成了阿语、波斯语的全部经典学业，在同学中出类拔萃。经学董、伊麻目（伊麻目，阿拉伯语单词的汉语音译。英语音译为 Imam，意为领拜人，引申为学者、领袖、表率、楷模、祈祷主持人，也可理解为伊斯兰法学权威）等考察，证实学习成绩优异。在王阿訇的提议下，给他举行了"穿衣"仪式（正式成为阿訇的仪式）。王噶最还向大学习巷清真寺的信众建议，搬请马宗生在本寺担任开学阿訇（阿訇是波斯语，意为老师或学者。回族穆斯林对主持清真寺宗教事务人员的称呼。一般分为"开学阿訇和散班阿訇"两种，前者是指全面执掌清真寺教务工作的穆斯林，亦称为正任阿訇；后者是指只具备阿訇职称，而未被聘请为正任阿訇的穆斯林。阿訇至少要经数年伊斯兰教育与培训，通熟《古兰经》与圣训，精通伊斯兰的种种法律与法规，并具备《古兰经》与圣训的真精神——做人的完美品德，以身作则，为人师表，劝善戒恶，品德高尚的穆斯林），马宗生对这一提议婉言谢绝了。

作为一个阿訇，必须谨遵天命五功——念、礼、斋、课、朝。

念为五功之首。是穆斯林信仰的表白，即赞念安拉，承认安拉的存在和独一无二。

礼拜是五功中的第二项纲领。阿拉伯语意为"祈求"、"赞颂"。凡是理智健全、身体健康、已经成年的穆斯林，必须履行拜功。

斋也称"斋戒"、"斋功"，俗称"封斋"。斋戒就是在一定时间内戒止食色等，是穆斯林必尽的宗教义务。斋戒要求封斋者在该月中，于每日黎明前至日落时，严禁饮食、滴剂、输血、房事或任何嬉狎非礼行为。斋戒者必须保持身心洁净，诚心诚意。

课即"天课"，也叫"课功"。阿拉伯语"则卡提"的意译，原意为"纯净"，指穆斯林通过缴纳天课使自己占有的财产更加洁净。

凡是穆斯林的资产超过一定限额（满贯）时，应该按照一定的比率缴纳天课。缴纳天课的目的在于限制富有者聚敛财富，告诫穆斯林切勿因为重私欲、贪图今世的荣华富贵，而离开真主的法度。

凡是穆斯林资产每年除了正常消费开支外，其剩余的财产都应该按照不同的比率缴纳天课。

朝即朝觐。阿拉伯语称"哈吉"（Haji），原意是"向着崇高的事业"，系指穆斯林朝觐麦加克尔白天房及其在米那、阿拉法特等地区进行的一系列朝觐特定礼仪活动的总称。中国穆斯林称

"朝天房"、"朝克尔白"。朝觐是每个有条件的穆斯林应该履行的宗教义务。正如《古兰经》所说:"为世人而创设的最古的清真寺,确是麦加的那所吉祥的天房,全世界的向导。其中有许多证明,如伊卜拉欣的立足地,凡入其中的人都得安宁,凡能旅行到天房的,人人都有为真主而朝觐天房的义务。"

念、礼、斋、课,马宗生一项都不缺,可是他一直没有到麦加朝觐过。学成之后,他的第一个愿望就是去麦加朝觐,同时还想继续深造,因此拒绝了众人请他担任清真寺开学阿訇的邀请。父母亲不仅赞同他的想法,还有着返回故乡的强烈愿望,一家人经过简单的准备之后,辞别了王噶最阿訇和众乡亲,踏上了罕知(朝觐)之路。

马宗生没有兄弟姐妹,与父母三人经过千里跋涉,来到了临夏。父母亲年事已高,到了临夏便病倒了,他们本来就不富裕,带的钱很快就花光了。马宗生一家不得不在临夏落脚谋生。

临夏地处青藏高原与黄土高原的过渡地带,境内山谷多,平地少,地势西南高,东北低,由西南向东北递降,呈倾斜盆地状,平均海拔 2000 米,大夏河穿城而过。

临夏是著名的回族聚居区,回族人口占 62%。临夏最早的回族差不多是与马牧西的祖先同时来到中国的。唐代经丝绸之路来中国的大食(波斯语 tazi 的音译,原为伊朗对阿拉伯一部族之称,后为中国唐、宋时期对阿拉伯人、阿拉伯帝国的专称和对阿拉伯、伊朗穆斯林的泛称)信使、商旅不绝于道,处于丝绸之路要冲的河州(今甘肃省临夏市)亦有不少大食人留居,他们以养马为业。到了宋代,随着丝绸之路河湟路的繁盛,大食使者、商人蜂拥而至,"往往散于陕西诸路,久留不归",成为临夏回族的先民。到了明末清初，这里聚居的回民数量已有数十万之众。

在长达十年的时间里，马宗生先生一面教授满拉（学生），弘扬伊斯兰教，一面勤修自学，并精心侍奉双亲。清康熙十一年（1672），穆圣配贤艾布拜克勒所传的"虎非耶"道堂中的传教士、二十五辈圣裔华哲·西达耶同拉黑·阿法根·曼什胡勒为了把教理传遍中国，从阿拉伯起程，取道中亚，经新疆到青海湟中县凤凰山驻足，行传"虎非耶"教理。马宗生得知后，告诉了与自己志同道合的好友祁静一，想约他一起去青海凤凰山拱北，拜见这位圣裔。

祁静一是尕德忍耶学派大拱北门宦的创始人，也是马宗生的好友，比马宗生年纪略小几岁。其先祖也是大食人，因助唐平定安史之乱，落籍在长安灞桥，明时因避乱迁居河州小西关。祁静一出生时，其父苏莱曼已经去世，3岁时母亲也离开了人间，兄弟二人由其祖母拜格亚养大成人，祖孙三人孤苦伶仃，相依为命，苦度光阴。祁静一从小聪明好学，7岁即入清真寺经堂就学，攻读阿拉伯语、波斯语和伊斯兰教经典，成绩优异。马宗生和祁静一年龄相仿，又都是穆斯林中的佼佼者，在宗教信仰和人生理想方面有着共同的追求和认识，因此一见如故，经常在一起谈经论道，成了形影不离的好友。听说圣裔来到青海，马宗生便与祁静一商量，准备去青海拜见圣裔。祁静一说，我须到祖母跟前取个口唤，才能跟你一起去。

听说祁静一要去青海拜见圣裔，祖母很不放心，因为祁静一还年轻，没有单独出过远门，祁静一道："请祖母放心，我是和马宗生大哥一起去。路上不会有什么事的。"祖母听说是和马宗生一起去，就放心了。

青海凤凰山,马宗生和祁静一拜见圣裔的地方

凤凰山位于青海省西宁市西边湟水谷地扎麻隆村,距离西宁30公里处,属于东昆仑山余脉,传说是女娲(九天玄女)抟土造人、炼石补天累倒后幻化成一只美丽凤凰降落的圣山。其形象是一只展翅欲飞的凤凰,中间是凤身,两旁是凤翅,整个西宁西川是长长的凤翎扎麻隆凤凰山,周围由八条龙山和一条水龙维护,人们称为九龙朝凤。难怪圣裔要选这么一块风水宝地作为静房和传教之地。

临夏大拱北珍藏的《清真根源》一书,详细地记录了这次拜见圣裔的经过。据该书记载,圣裔的规矩很大,远近前来拜见的人都要经守房门的信徒传达,圣裔喜见才见,不喜见则不得见。马宗生和祁静一到达西宁的那一晚,圣裔已得知消息,吩咐门徒说:"明天一早有河州两位哈里发来见我,内有一个年少的先进静

第一章　家　世

房来见我，年长的后进来见我。"第二天，祁静一和马宗生来到静房前，门房按照圣裔的嘱咐让祁静一先进去了。祁静一进了静房跪下求乞，圣裔双手将其拉起，说："祁哈里发，你是有约会的人，你不必在此求伊斯俩目（伊斯兰教教义），你的五思达（原文是音译，意为你的师傅或引路人）后面来了，此处不必多站，明日即刻回去，我不能承领你。"见罢，祁静一退出静房，马宗生走了进来。经过一番交谈、考察之后，圣裔对马宗生的学识修养十分赞赏，对他说："凭真主的口唤，伊斯俩目虎非耶教门的玄机根索（根本教旨）到在了你的身上。"马宗生决意受领。圣裔向马宗生指点了"虎非耶妥勒盖提"（中道之意）的机密路径，并将大伊麻目哈奈斐的赞言（秘诀）该遵循行之的所有内容，做了详尽的交代，并给了他在河州地方宣扬传行"虎非耶"教门的口唤。然后对马宗生说："将来在你的辈上有个清廉的后代儿子，我提前给他起个名字，叫作穆罕默德·克比勒，将你二人的经名刻在凭据（木质印鉴）上。至此，马宗生便成了在河州执掌传行"伊斯俩目·艾海力逊乃提·虎非耶教旨"的阿令。

祁静一跟着马宗生白跑了一趟，什么收获也没有，百思不得其解。他问马宗生："我二人一路辛苦而来，老祖把教门传给你，叫我明日即速回河州去，不知何故？看来你是有面份的人。"说到这里，不觉伤心泪下。马宗生劝说道："老祖之言，如金如玉，必是实的，你的恩师随后就至。古人云，领兵各有旗号，你是原当有约会的人，只怕你的面份比我还高还大，你不必逆命，明日收拾行李先回，我随后就来。天明之后，祁静一收拾行李，二人洒泪而别。

马宗生回到河州后，专心致志苦干功修，并开始宣传教理。

由于他是河州有名的阿訇,结合当时清廷法令、社会思潮和人情习惯等,在临夏清真北寺向阿訇、满拉传授教理,随后广泛向群众讲授天理(顺主顺圣),严禁行恶干歹。他主张先遵守五功(念、礼、斋、课、朝),遵守"舍勒尔提"(法定之意),随后进行"妥勒格提"(道路之意),完成"静性复命"之道,否则就是舍近求远。同时,他还主张各门宦应各行其是,不能随意批驳别派的遵行,也不能强行争夺教徒。因此,他主持的临夏虎非耶门宦与其他门宦从未发生过纠葛,与格底目(老教派)一直相处得很好。虎非耶门宦的阿訇经常受格底目清真寺的邀请去任开学阿訇。

祁静一拜访圣裔无果而归,开始有些想不通,后来他就完全把这些放下了,潜心钻研伊斯兰教经典。两年后,康熙十三年(1674),来华传教的和卓·阿卜杜拉到河州传教,收祁静一为徒,向他传授苏菲派嘎迪林耶(又译为嘎迪忍耶)隐修学理,并要他"抛家离乡,独自静修"。祁静一遵师命从此绝尘离俗,潜心道乘修炼,先后在河州杨妥家、陕西西乡县北寺、滴水崖、沙河坎的蔡家岭及陕西留坝县的紫柏山等山岭幽僻之地静修达9年之久。和卓·阿卜杜拉对其虔诚修行大加赞赏,说"吾道东矣",遂将"天人之奥,性命之微,理道之旨,尽性之功"传授于他,并赋予他在中国传播戛迪林耶教理之责。

祁静一受师命后,往来于四川阆中、陕西西乡、甘肃河州等地,筚路蓝缕,择幽僻之地,结庐静修,广收门徒,传播苏菲主义学理。他"遵五时参拜之典,重七日朝向之礼",谨守教乘,并以"今世后世、先天后天""明心见性,修己安人"之义,传播戛迪林耶隐修学理,使大拱北门宦在河州、西乡、阆中等地得到传播和发展。

第一章　家　世

虎非耶门宦是中国伊斯兰苏菲神秘主义四大门宦（哲合忍耶、虎非耶、嘎迪忍耶、库布忍耶）之一。虎非耶，阿拉伯语意为暗藏、隐藏、低念，因主张道乘修持默念赞词而得名。不偏不倚、宽厚中和是虎非耶门宦的一个主要特点。虎非耶起初在中国受传者仅有八人，马宗生即是其中之一。马宗生是临夏拱北门宦中最早传播虎非耶学派教理的先贤，他创建的毕家场门宦在中国伊斯兰教历史上有很大影响。

毕家场门宦的教旨与格底目基本相同。往往与格底目、华寺、临洮等门宦共同组成清真寺，供教徒过宗教生活。礼拜、封斋、开斋的时间、过圣纪、干"尔曼里"等宗教仪式以及给孩子起经名、举行割礼和结婚纪念"尼卡亥"等，都和格底目一样。

马宗生知识渊博，品行高尚，对自己要求十分严格。在其49年的传教生活中，潜心修身养性，体认真机，坐长静4次，短静40多次，他教导穆斯林按《古兰经》规定，遵行五功，默念真谛，静性复命，并主张天理、国法、人情三者并重，爱国爱教，尊经守法。他规劝教民要孝顺父母，关心骨肉，和睦相邻，周济孤寡，对自己的过错和罪恶，要真诚忏悔，多流泪、少欢乐，用泪水洗刷一切罪过，因此流传着"毕家场信徒多哭死"的说法。

马宗生一生慷慨无私，曾经帮助过无数穷人。有一次，一位毕姓汉民父亲去世没钱安葬，马宗生得知后，把自己仅有的八串钱全部送给了他。毕姓家族受到感化，举家皈依了伊斯兰教。马宗生去世时，毕家的经济状况有了根本性的好转，为了报答当年葬父之恩，毕家后人自愿把自家的场院捐献出来，作为马先生的拱北基地。这就是毕家场拱北的由来。

马宗生在世期间还主持修建了临夏清真北寺。为表示对先贤的忠诚,马宗生派长子长期侍奉圣裔华哲·西达耶同拉黑·阿法根·曼什胡勒,后与圣裔同去喀什。圣裔在喀什归真,归真后葬于喀什拱北,马宗生的长子一支全家族殁后也葬在喀什拱北。乾隆时期的香妃也葬于此。由于香妃在历史上影响比较大,人们只知道喀什拱北是香妃墓,很少有人知道这里还安葬着伊斯兰教的25世圣裔。

马宗生的五子马一清,道号穆罕默德·克比勒,是一位十分虔诚的阿林和导师。他继承了马宗生的事业,在他一生的不懈努力下,毕家场门宦的追随者曾达到十万多人。马一清的五子马达吾德也是一位有学识、有才干的大阿訇,人称马五爷。在他主持下,不仅修建了拱北的其他建筑,还出资重修了临夏八坊十二寺中的祁寺、北寺和西寺,为毕家场拱北的巩固和发展起了重要作用。后来他的家族成了北寺三道掌教制的世袭伊麻目。

新疆喀什拱北(香妃墓)。马宗生的长子即葬在这里

第二章

父亲马正隆

马牧西的祖父马良诚早年曾任国民政府天水市的百货局（商业局）长。马良诚精通经、汉两种文字，在穆斯林中很有影响。新中国成立前夕，国民党为了挽回败势，任命他为马鸿逵的陇南三军副军长，让他回临夏老家去招兵买马，企图利用他的影响继续扩大武装力量，顽抗到底。当时国民党大势已去，没有人愿意去当兵，年轻人一听说征兵都跑光了。马良诚也不想强迫乡亲们的子弟去为国民党卖命，打着招兵的幌子，只招了十几个人回去交差。陇南三军驻扎在银川，马良诚这个有名无实的副军长当了没几个月，宁夏就解放了。

马良诚为官清正廉洁，在担任天水市百货局长期间，组织当地绅商百姓修桥修路，做了不少好事。银川解放后，他带着一家老小回到了临夏。马良诚在银川和临夏两地都没有自己的房产，回到临夏后生活几乎没有一点着落，连住房都是租的，因此在土改定成分时定为城市贫民。为了谋生，他和几个朋友一起组织了一个群英运输管理所，大家凑钱买了十几辆架子车，以运输建筑材料为生。

马良诚一生扶贫济困,在当地人缘极好,以至于在"文化大革命"期间都没受到任何冲击,造反派和红卫兵组织似乎把这位国民党的高官忘了,直到1990年12月以93岁高龄去世。

相比之下,马牧西的外祖父马希堂就没有这么幸运了。马希堂是个乐善好施之人,在临夏穆斯林中也是德高望重、很有影响力的人物。"文革"前生活还算比较稳定,但是他的历史问题比较复杂,曾任国民党81军骑兵旅旅长,他的哥哥马希凡是81军军械处少将处长,家里又是地主成分,因此"文革"一开始就被到处揪斗,为了活命,一个人跑到新疆躲了20年,靠给人看庄稼地为生,直到"文革"结束才回到临夏,1986年去世。

马牧西的父亲马正隆是一位富有传奇色彩的人物。小时候,父亲(马牧西的祖父)给他定了一门娃娃亲,马正隆对这桩亲事很不满意。高中毕业后,父亲要给他完婚,婚礼的一切准备工作都做好了,马正隆却跑了。他先是跑到兰州西关什字桥门巷,在一个亲戚家藏了几天,亲戚把他的行踪告诉了父亲,父亲让家里人到兰州来找他,他又坐着羊皮筏子跑了,一个人辗转到了上海。他想起在上海有个表哥,便去投靠他,在表哥帮助下暂时在上海安下身,但是生活上还得靠自己。一个外乡人,在上海立足谈何容易,他只能到处去找零活儿干,过着吃了上顿没下顿的日子。他经常到一个卖大饼、凉面的小铺子去买大饼,一买就是十几个。

卖大饼的大叔叫马祖贵,是青海的回民,早年被国民党抓了兵,跟着部队南征北调,有一天,部队开拔到上海附近,马祖贵开了小差,一个人来到了上海。马祖贵在闸北贫民区搭了一间铁皮房,靠卖凉面、大饼、酿皮子为生。一天早晨,他打开铺面门,

第二章 父亲马正隆

看见一个讨饭的姑娘晕倒在门前,他急忙给她喂了口水,又盛了一碗凉面让她吃。姑娘是饿昏的,吃了点东西就能站起来了。马祖贵一问,姑娘也是回民,是跟着父母一起从河南项城老家逃难过来的,一进上海就被乱兵冲散了。马祖贵收留了这个姑娘,帮着她满上海寻找家人,找了很长时间也没找到。姑娘无处可去,就留了下来,帮助马祖贵打点生意。慢慢地,两个人有了感情,在几位穆斯林长者的撮合下,结成了夫妻。

马祖贵不识字,马正隆经常帮他写家信,马祖贵见他一次买十几个大饼,知道他生活上困难,经常接济他一下。马正隆不肯无功受禄。马祖贵知道他自尊心很强,便留他在小铺子里干点杂活儿。其实他那点生意根本用不着雇伙计,只是为了让马正隆能名正言顺地接受他的帮助。马正隆也明白这层意思,便对他说,您要是真想帮我,就帮我找个活儿干吧。马祖贵道:"你是个贵家公子,哪能长期干我们这种活儿,你先在我这打个帮手,容我慢慢打听,帮你找一个适合文化人干的活儿。"

马正隆在马祖贵的小店里帮工期间,结识了不少穆斯林朋友。其中一个名叫黎正之的,是一位进步青年。在他的影响下,马正隆读了不少进步书籍和世界名著,顿觉心中豁然开朗,每天一有时间便去泡图书馆,晚上回来读书一直读到深夜,有时甚至通宵不睡。书籍为他打开了另外一个认识世界的窗口。

过了一段时间,马祖贵托朋友给他介绍了一份适合文化人干的工作:给一位姓李的老中医抄方。马正隆的古汉语底子很好,能背诵很多名篇,也很有悟性,方子抄得多了,便知道了一些什么方治什么病的简单医学常识,触类旁通,又学到了不少中医药学方面的知识。李先生十分喜欢这个小徒弟,觉得他有悟性,是个可造就之才，就又让他背汤头歌诀，教他把脉。这些对马正隆来说并不难，但是他的心思不在这上面，而在黎正之带给他的那个崭新的世界。每天下了班，他依然捧着那些厚厚的书本，如饥似渴地阅读各种进步书籍。为此李先生经常责备他，希望他把全部精力用到学医上来。马正隆万万没想到，自己今后的一生竟然要从这里起步。

上海解放前夕，父亲打听到了马正隆的下落，来信告诉他表哥，家里已经把那门婚事退掉了，不会再强迫他结婚，希望他赶快回家去。当时解放军已经打过长江，国民党军退守上海，国共双方上海一战看来已不可避免，在李先生和马祖贵的劝说下，马正隆离开上海回到了老家。

马正隆逃婚给家里带来了很大的麻烦，双方老人本来是不错的朋友，却为此事翻了脸，从此两家老死不相往来。家里还想再给他说一门亲事，马正隆坚决不同意。他还在向往着外面的那个世界，心已经收不住了。1949年8月26日，兰州解放，同年，西北革命大学在兰州成立。马正隆再次来到兰州，报考了西北革命大学。

毕业后，学校考虑他是临夏人，便把他分配到临夏东乡县汪集完小担任校长。于是马正隆又回到了临夏。在汪集这个地方，马正隆是最大的知识分子，他不仅担任小学校长，当地有什么大事小情都要找他商量。甚至一些民事纠纷也要找他来调解。马正隆当了将近十年的小学校长，正是三年困难时期，他患了眼病，已不能正常看书工作，只好请假回到临夏八坊老家养病。

马正隆的眼病很长时间治不好，没有及时回到工作岗位上去，当地按照自动离职处理了，直到二十年后才给他落实政策，安排他到东乡县教育局工作,那时马正隆已经是临夏八坊医院有名的中医,回不去了。

在汪集小学担任校长期间,马正隆一直不忘学习,继续钻研中医。离职以后,他的眼疾一直治不好,便自己摸索着用中医方法来治,他读了大量的医学书籍,终于治好了自己的病,同时在中医理论方面也得到了很大提高。他一面治病一面还得养家糊口,那时他已经是三个孩子的父亲了,父母亲年事已高,家里七八口人要吃饭,他离职后连工资也没有了,不得不做起了卖药的生意,每逢集日,便用自行车驮着各种中草药和一些自制的中成药到集市上去卖。附近的几个集市都跑遍了。

正是在害眼病的这段时间,马正隆的医术得到了迅速的提高。在卖药的同时他还给人诊脉看病,看好了不少病人,渐渐地在民间有了一些名气,找他来看病的人越来越多。马正隆已经不用再到集市上去卖药了,每天来家里看病买药的人络绎不绝,维持生活已经不成问题了。

马正隆在家里私自给人看病,引起了坊间的一些议论,有人说他非法开私人诊所,也有人说是地下医院,但是这些闲话并没有掀起太大的风浪,绝大多数人对马正隆的医德医术都十分肯定,就连八坊医院也知道了他医术高明,请他到医院去坐诊。八坊医院是临夏最大的国营医院,马正隆不是学医出身,没有职称、没有学历(革命大学学历不是医学学历),请他来坐诊,不断遭到人们的质疑,有些人是不明真相,有些人是出于嫉妒,企图将马正隆排挤出去。面对汹汹而来的舆论,院方有些顶不住了,准备辞退马正隆。当时八坊医院有位著名的老中医名叫杨生和,他看了马正隆诊病的过程之后说,马正隆是临夏中医界的一位很有前途的后起之秀。杨生和一锤定音，从此，人们对马正隆的医术不再怀疑。来八坊医院找他看病的人越来越多，每天挂他的号的患者多达六七十人次，最多时达到一百多人。他行医四十年，看过的病人有六七十万人次，即使是退休之后还不断有人找到家里来看病，一天要看三四十个病人。

马正隆的影响已经超过了他的老师杨生和先生，当时临夏流传着一句话：城里有个杨生和，城外有个马正隆（临夏的回民大多聚居在城外，此话暗指汉人有个杨生和，回民有个马正隆）。马正隆的影响逐渐超出了临夏以外，经常有省内各地的患者跑到临夏来找他看病，还有不少是从省城兰州来的。除了回汉两族的患者，还有不少藏族同胞。他们十分虔诚地相信马正隆的医术，不少藏族同胞是磕着头进来的。有时看病的人太多，马正隆中午常常顾不上吃饭，有时早点也顾不上吃，一杯茶坚持到下午。

为了方便兰州的患者看病，马正隆每年都到兰州出诊一段时间。后来还在兰州庙滩子王家沟买了一处房子，常来看病的患者都知道这是马正隆先生的诊所兼休息地点。马牧西成名之后，兰州的很多患者依然迷信马正隆老先生，马正隆依然每年来兰州出诊一段时间，王家沟马正隆的小院子门前依然是车水马龙。父子名医，在兰州一时传为佳话。此时老人家已近古稀之年，抄方抄得满手是茧子，视力也衰退得厉害，字越写越大，手指染成了蓝色。后来就由他的小女儿马丽丽帮着抄方。

马正隆不仅是个著名的医生，也是一位虔诚的穆斯林，他一生谨遵念、礼、斋、课、朝五功，曾两次到麦加朝觐。他不懂阿拉伯语，退休后完全靠自学学会了《古兰经》，能够用阿语读诵《古兰经》全文。

第二章 父亲马正隆

2004年5月,马正隆因心肌梗死去世,享年74岁。

马正隆在晚年一直在惦记着在上海遇到的几位老朋友。天下事有时巧得令人难以置信。一个偶然的机会,马牧西在上海遇见了父亲的老朋友黎正之。马牧西的一位患者名叫张琦,上海人,原在兰州工艺美术厂当保管员,常来马牧西这里看病,后来张琦调回了上海。1986年,马牧西到上海出差,为他所在的名老中医门诊部购置几台切药机,住在徐汇区区政府隔壁的老毕亭宾馆。当时马牧西在兰州中医界已经开始崭露头角,张琦得知老友来上海,带来几个患者请他诊治。看完病之后,一定要请马牧西吃顿饭,可是附近没有一家像样的清真餐馆,便把晚饭安排在附近一个回民朋友家。张琦说这位朋友姓黎,在上海伊斯兰教协会工作,是真正的穆斯林,在他家吃饭可以放心。

没想到这位姓黎的朋友的父亲就是黎正之。黎正之听说马牧西是从兰州来的,便向他打听知不知道兰州西关十字有个桥门巷,并且说他有个老朋友叫马正隆,曾经住在那里。马牧西一听,这位黎伯正是父亲到处寻找的黎正之。老人得知马牧西是马正隆的儿子,十分兴奋,他说他和马正隆当年还有一张合影,一直保存着,说完便翻箱倒柜地寻找照片,找了半天也没找到,搞得饭也没吃好。

回到家后,马牧西对父亲说起此事,父亲也很激动,没想到分别三十多年的朋友还能碰上。黎正之比马正隆大七八岁,新中国成立后一直当工人,生活还算过得去,1990年得了脑中风,半身不遂,生活不能自理,马正隆亲自给他配药治病,一次次寄到上海。后来,他们父子从张琦的来信中得知了黎正之去世的消息。

马祖贵老人新中国成立后跟着夫人回到河南项城县定居。马正隆一直与他们有书信往来,一直想去河南看看老人家,由于各种生活琐事缠身,未能如愿。临终前他曾叮嘱马牧西说,我还有一桩心愿未了,就是想去看看马祖贵老人家,如果我去不了了,你一定要代我去看看老人家。

父亲去世后,马牧西来到河南项城县,见到了马祖贵的夫人,这时才得知,马祖贵老人已经去世了。看到远方来的客人,马夫人激动得热泪盈眶。老奶奶日子过得依然很拮据,一个儿子五十多岁了还在西安打工,儿媳妇已经去世,家里只有一个孙子陪着老奶奶。马牧西提出要去给马祖贵老爷爷上个坟,老奶奶让孙子拿了一张小席子带他去,自己要亲自给他做饭。

临走时,马牧西按照父亲的嘱咐,给老奶奶留了五千元钱。

马正隆与他的恩师李先生新中国成立后完全失去了联系,多方寻找一直也没有找到。

祭奠马祖贵老人

第三章

漫漫学医路

1958年4月,马牧西出生在临夏八坊区水泉街。小时候家里穷,没有自己的房子,一家七八口人租房子住,在马牧西的记忆中,小时候家里经常搬家。上学以后,马牧西的学习成绩一直很好,经常被评为三好学生、五好学生,上中学时还担任过班长。马牧西天资聪颖,学校的那点功课对他来说十分轻松,那时学校只上半天课,剩下的半天时间便和同学们到大夏河去游泳或者上树掏鸟,这两项活动都带有一定的危险性,父母亲严厉禁止。可是他非常喜欢鸟,把掏来的鸟放在一个小纸盒子里,里面放点棉花,上学时装在书包里背着,白天放在课桌里,放学后再背回家偷偷藏起来,怕父母亲看见。每天上学,书包里装的干粮先要拿来喂鸟,剩下的才自己吃。父母亲见他这么喜欢鸟,便不再干涉,允许他把鸟养在家里,养大了再将它们放生。

小时候,马牧西是个善良的孩子,经常主动帮助那些有困难的同学。有个同班同学叫张玉林,他的奶奶是红军西路军被打散的女战士,负伤后掉了队,嫁给了当理发匠的张玉林的爷爷。张玉林经常给马牧西讲西路军女兵的故事，两个人是形影不离的好朋友。后来，张玉林的母亲去世了，父亲给他娶了个后妈，这个后妈对张玉林不好。学生们早晨上学来不及吃早饭，大部分人都是自己带饭，张玉林的后妈却不给他带饭。马牧西每天都把自己的饭分出一半来给张玉林吃，后来马牧西的母亲知道了，索性每天上学给他带两份。有一次下乡劳动，一个同学把饭盒掉到河里了，害怕回家挨打，坐在河边哭了起来，马牧西把自己的饭盒给了他。回到家后，他把事情对母亲说了，母亲非但没有责备他，还十分赞赏他的做法。马牧西的母亲不像他父亲那样有成就、有影响，但是她对马牧西的成长和人格培养却起着比父亲还重要的作用。

马牧西的母亲叫马英梅，年轻时是八坊区一带有名的美人。以马正隆择偶的标准，一般的姑娘根本看不到眼里。他本来还在幻想着自由恋爱，但是当别人把马英梅介绍给他的时候，他二话没说就同意了。马英梅的父亲是军人出身，从打她记事起，就一直跟着父亲颠沛流离，没有过过几天好日子。新中国成立后，生活稍稍安定了一点，但是父亲的历史问题一直在影响着他们这些子女，运动一来，不仅父亲要挨整挨斗，他们也要看小朋友们的脸色，所以，马英梅上了几年学之后就不再上了，在家里帮助父母亲维持生计。嫁给马正隆之后，她也没过上几天好日子。马正隆在东乡县教书，离家将近一百里路，加上工作繁忙，一般一两周才回一次家，家里的事情几乎完全顾不上，只是每月按时把工资交给妻子，家里老的老小的小，全丢给了马英梅一个人，一家人的衣食住行都是她在操持，别的不说，光是一年四季老人孩子们换季的衣服就够她忙活的，每天缝缝补补、洗洗涮涮，一年到

第三章　漫漫学医路

头从早忙到晚。

马正隆害眼病的那几年，是家里生活最困难的一段时间。公公年事已高，他的运输管理所早就关门歇业了，一家七口人的生活全靠马正隆的那点工资，马正隆一离职，连这点收入也没有了。马英梅不得不精打细算，让家里仅有的一点积蓄不至于一下子花完断顿。马正隆开始卖药，实在是生活逼的，否则一家人就得喝西北风。恰好又赶上三年自然灾害，家家粮食都不够吃，农民还能从地里刨点红薯须子、白菜根来充饥，而城市市民们则全靠国家供应的那点粮食了。黑市上粮食涨到了 5 元钱一斤，一斤粮票都要卖 3 元钱，而马正隆卖药一个月的收入不过几十块钱，要买高价粮吃是不可能的，只能靠计划和节俭来渡过难关。家里首先是孩子不能饿着，老人们年纪大了，也不能亏待，马正隆既是病人又是一家的顶梁柱，更需要营养，马英梅作为当家主妇，只能从自己身上省。有段时间，饿得已经开始浮肿了，马正隆才发现。

马英梅很能干，春天一到，她便带着孩子们到山坡上、小河边去挖野菜、撸柳芽，回来掺在粮食里充饥。夏秋季办法就更多了，不仅有野果野菜可以充饥，还可以去捡些麦穗、挖点红薯须子来顶粮食。日子虽然过得艰难，但是她从不悲观，尤其是不愿意让孩子们有生活压力、有悲观情绪，每次带着孩子们去撸柳芽、捡麦穗，都面带笑容，一家人有说有笑，仿佛是去春游一样。

三年自然灾害过去了，刚过了几年好日子，"文化大革命"就开始了。马英梅的父亲马希堂成了运动中的重点批斗对象。红卫兵不讲政策，每次批斗回来，马希堂都被打得浑身是伤。马希堂知道自己有问题，也愿意接受政府的审查，接受改造，但是在那个特殊年代，道理是讲不清的，无论你态度多么好，红卫兵们还是不满意，总之是态度好不好都要斗，好不好都要打。有一次，马希堂被打得躺在当街动不了了，一家人很担心这样下去马希堂会性命不保，不管怎样，要先活下来再说。于是，在一个漆黑的夜晚，马希堂偷偷地跑了，一直跑到新疆，在那里一躲就是二十年。在他刚刚逃走的那几年，完全和家里失去了联系，是死是活家里人也不知道。马希堂既不敢写信，也不敢随便托人带话，写信怕暴露自己，也怕给家人带来灾祸；托人带话则更不敢了，因为自己的身份生怕别人知道，藏还藏不住呢，怎敢轻易告诉陌生人？

红卫兵当然不会轻易放过他的家属，他们把马希堂几个子女的家都搜了个遍，并且三天两头地来骚扰，逼迫他们提供马希堂的消息。那些年，马英梅整天提心吊胆，一方面为父亲的安危担忧，一方面害怕父亲的问题会影响到马正隆和他们的子女。

直到"文革"结束，马希堂觉得彻底安全了，才又回到临夏，那时他已经七十多岁了，身体也垮了，一身病，回到临夏没几年就去世了。

马英梅生性善良，尽管因为家庭出身受过种种不公正的待遇，但她从来没有对社会、对他人产生过怨恨之情。那些曾经批斗过她父亲、虐待过他们的红卫兵，有些就是街坊邻居，相互都认识，有些人在运动后期已经受到党纪国法的惩罚，但是马英梅从来没有歧视过他们，更没想过去报复，相反，看见谁遇到困难，还照样帮他们。

马英梅一生育有二子五女。她自己文化程度不高，但是在教育孩子上却有着天生的智慧。她从来不给孩子们讲大道理，也很少打骂、惩罚孩子，只是用自己的行动来影响他们。马牧西记得上小学的时候，有一次把半块没吃完的馒头扔掉了，母亲什么也没说，捡起来吹了吹上面的土吃了起来，马牧西立刻意识到自己错了，从母亲手中接过馒头吃掉了。后来马牧西渐渐长大，他发现吃饭时母亲总是把新做的饭给大家盛上，自己吃剩饭，马牧西看不下去，把自己的碗和母亲的换了，从此，在他的带动下，兄弟姐妹们每次吃饭都抢着吃剩饭。马英梅的七个子女中一个早夭，其余六个在各自的工作岗位上干得都很出色（篇幅所限，这里不一一介绍）。

也许是命中注定，马牧西从小就对父亲从事的医学工作十分感兴趣。据他的中小学同学回忆，那时他的书包里经常装着一些红汞、药棉、止疼片、消炎片等常用药物和体温计，同学们有点小伤小病他都能治，碰上擦伤、摔伤等急事，他伸手就能拿出急需的药品。上到小学五六年级，马牧西已经学会了打针、换药、量血压等。父亲业余时间给人看病，有时腾不出空来，就让他上门去给病人打针。有一次，马牧西把父亲的血压计带到了班上，挨个给同学们量血压，居然发现了同班的一位同学有遗传性高血压。

马牧西上小学时就赶上了"文化大革命"，学校停课停了一年多，复课之后也是半天上学、半天闲在家里。于是，从十三四岁开始，马牧西就成了父亲的得力帮手。除了打针换药，他还帮助父亲切药、制药。父亲给人看病，中药丸都是由马牧西来制作。配丸药是把中药打成粉剂，倒进炼好的蜂蜜再捏成丸。蜂蜜要烧开，以消灭霉菌、虫卵等不卫生成分。制药是人命关天的大事，直到现在，制药的活马牧西都是亲手做，包括到邮局给人寄药，他都要亲自去，交给别人他不放心。马牧西制药很拿手，做得很细，大小、剂量都合适。马牧西的姐姐和弟弟妹妹们也都会制药，但是没有马牧西做得好。后来马牧西插队走了，父亲如失左右手。

上到初中时，父亲见他对中医这一行很感兴趣，便带他到医院义务帮助抄方，并教他背汤头歌诀。马牧西博闻强记，只要是见过一面的人，几十年不来往，一见面仍能叫出对方的名字，背汤头歌诀这点事对他来说非常简单，用不了多久便滚瓜烂熟了，但是他并不满足于此，他的目标是成为父亲那样的名医。

有一天，家里来人找父亲看病，父亲还没下班，马牧西试着给病人把了把脉，说了说脉象症状，居然都对。正在这时，父亲回来了，看见他给病人把脉，立刻沉下脸来说道："谁让你给人把脉的？！"

父亲给那位病人看完了病，又让马牧西给自己把脉并说出脉象和诊断结论，居然说了个八九不离十。马正隆感到很吃惊："你是怎么学会的？"

马牧西道："这有什么难的。桡骨寸关尺，左手心肝肾，右手肺脾命，不就那么几句口诀吗？"

真是初生牛犊不怕虎，马正隆既高兴又担心，从那以后，严厉禁止他随便给人看病："这是人命关天的大事，你这样半瓶子醋怎么敢随便给人看病？"

父亲告诉马牧西，要想当一名好医生，先要背会那些中医典籍，烂熟于心，然后再慢慢体会。马牧西要求学诊脉，父亲拒绝了，说，你什么时候把这些典籍学完了，背熟了，什么时候才能开始学诊脉。于是，马牧西开始刻苦攻读那些中医典籍。第一篇诵读的医古文是《药性赋》，后来又学《伤寒论》、《金匮要略》、《黄帝内经》等。当时的中学几乎什么也学不到，马牧西学习古汉语完全是从零起步。他虽然聪明，学起来也是很吃力的。但是他肯下工夫，很快就攻克了古汉语关，高中毕业后到插队之前，他一直在埋头学习中医理论,为日后行医打下了坚实的基础。他的学习与医学院的学生不同,是一边实践一边学习,因此进步很快,体会也更深刻。他已经背会了汤头歌诀,再把那些歌诀和《本草纲目》及《药性赋》对照起来学习,顿时觉得理解深了一层。这段时间,他对人体的经络穴位也已经比较熟悉,开始学着给人针灸了。

直到父亲觉得他已经有了一些基本的理论基础,才开始教他诊脉。先是从浮沉迟数、虚实悬滑八种脉象说起,一点一点教,让他慢慢体会,慢慢积累经验。马牧西这才知道,把脉不是一天两天的功夫,没有时间的积累,是不可能准确地诊断出病情的,很多技巧不是用语言能说清楚的,只能在实践中慢慢学习体会。

"文革"期间全国各地的学制很不一致,临夏的中小学是九年制,小学五年、初中、高中各两年。马牧西上学早,十五岁就高中毕业了。他的天资极好,如果能够受到正常的中小学教育,他可以毫不费力地考进任何一所大学,但是当时的中小学连本像样的教材都没有,学生上课,大量的时间都花在了学工学农学军和搞运动上,学不到任何知识,能够发挥他过人天赋的唯一领域就是中医药学。

高中毕业后,同学们都下了乡,马牧西年龄还小,家里舍不得让他下乡,毕业后继续跟着父亲学医。又学了一年多,1974年,马牧西满十六岁了,不下乡将来的工作会很成问题,父亲和祖父考虑再三,决定让他下乡。由于年龄太小,害怕有招工机会时年龄不够抽调不上来,马牧西将户口本上的出生日期改成了1956年,比实际出生日期早了两年。

马牧西下乡之前在医学上已经入了门,街道办事处和知青办的干部都知道马牧西会看病，因此一下乡就被安排在大队合作医疗站做了赤脚医生。

临夏市共有七县一市，马牧西下乡的地方在临夏县安家坡公社北小塬大队。大队分男女两个知青点，男知青点在山上，女知青点在山下河湾村。全大队有三四十个知青，男知青点都是回民，女知青点有少数汉民。当时公社设有卫生院，大队一般都有合作医疗站，在马牧西下乡之前，队里只有一个赤脚医生，马牧西来了之后才挂起合作医疗站的牌子。两个人分工，一个在家留守，一个到各村和田间地头巡诊，马牧西年轻，出去巡诊比较多。

农村里对医生是十分尊重的，一律称之为先生，谁家有了病人，到医疗站请医生，都要牵头小毛驴来，让先生坐上，以示尊重。有一次，山下某村的一位老人病了，打发孩子牵了头毛驴到知青点来请马牧西。那孩子一见面就称他马先生，知青点的同学们觉得很可笑，以后便常开玩笑叫他马先生。马牧西让那个孩子把毛驴牵回去，说自己随后就到，孩子不肯，知青们便起哄，七手八脚地把"马先生"捆上了驴背，然后照着驴屁股使劲一拍，驴有点受惊，撒腿就跑，马牧西没有防备，有点紧张，高喊："你跑什么，别跑，别跑，你给我站住，站住！"

驴在院子里跑了一圈，见周围都是人，转身朝外面跑去，跑出大门的时候，马牧西伸手抓住了门框，驴从他胯下跑了出去。知青们哈哈大笑，马牧西惊慌失措、高喊救命，旁边一个知青走过来说，别喊了，你低头看看。他低头一看，离地面才半尺高。

马牧西对这种待遇感到很不习惯，过了一段时间，回到家里把父亲的自行车骑到了知青点上，从那以后，人们便经常看见他骑着自行车在山路上往来奔波，给乡亲们看病。

第三章 漫漫学医路

　　知青点的生活很艰苦，经常吃不上饭，有时是没粮了，有时是没柴了，男知青点在山上，要下山去挑水，有时地里的活忙，顾不上去挑水，连水都喝不上。但是马牧西那几年却没怎么挨饿。大队所属的几个村子都是回民，这给他吃饭、喝水带来了很大方便。乡亲们都很喜欢这个聪明、帅气的小伙子。巡诊无论走到哪个村，都有人招呼他吃饭。有时走出村好远了，人们看见他，还是要把他拦回去吃顿饭。

　　马牧西长得一表人才，第一次见到他，就给笔者留下了十分深刻的印象，少年时的马牧西，想必更加英气勃勃，招人喜欢。

　　马牧西招人喜欢不仅因为他长得帅，更主要的还是因为他人品好、医德好。合作医疗站所备药品有限，很多药要到城里去买，尤其让马牧西感到不便的是，医疗站没有中药柜，平时不备中药。他从小跟父亲学的即是中医，很多常见病只要几味中药就能治好，既便宜效果又好，可是山里的农民进一趟城不容易，马牧西下乡的地方离临夏市二十多公里，对于农民来说，往返一趟差不多一百华里，看了病再进城抓药成本反而加大了。马牧西有自行车，来去就方便多了。于是他照常给患者开中药，尽量利用进城、回家的时间，把老乡所需的中药带回来。不光是药，只要是能带的东西，他都会一一帮他们买回来，他在看病的同时，就把乡亲们需要的东西一一记在小本子上，回城后一件一件替他们买好，回来再一家一家地送去。当时的很多东西都是要票、证、券的，有些东西即使有钱也买不到（例如棉花），马牧西便把自己家的票证拿出来替老乡们买。

　　合作医疗站每天大约有一二十个人来看病，因为处在丘陵地带，刮风下雨天不便出门，所以风雨天很少有人来看病。马牧西知道，越是这种天气，病人越是需要他，所以，每逢刮风下雨，知青们在点里休息的时候，马牧西却要骑着自行车到各村去巡诊。当时阶级斗争抓得很紧，上级有规定，不准到地主富农家里出诊。有个地主分子，八十多岁了，一身病，经常到医疗站来开药、打针。有一年冬天下大雪，老人在家里发高烧，子女们害怕路上出问题，不敢送他到医疗站来，派了孙子来找马牧西，想请他到家里给病人打针，知青点的同学众口一词说不能去，但马牧西还是背起药箱走了，而且一连三天，每天都去给他打针。同学们问他为什么要这样，马牧西说：地主也是人，我是赤脚医生，不能见死不救。事后，知青点点长专门找他谈了一次话，希望他能站稳无产阶级立场。马牧西说，我是医生，我的职责就是治病救人，和阶级立场没关系。

　　除了在这样一些原则问题上的分歧，马牧西和知青点的同学们相处得都很好。大家白天忙着下地，知青点的卫生、吃水、做饭等很多事顾不上打理，他都主动去做，每次进城，都会给大家带些菜回来。

　　马牧西人缘很好，很少与人发生矛盾冲突，但是有时也难免遇到一些磕磕碰碰。下乡不久，队里成立了基干民兵，还给他们发了枪。马牧西刚当上民兵，觉得很新鲜，出去巡诊的时候，把一支三八步枪背在了身上。这事严重违反了民兵纪律，受到了队里和知青带队干部的严厉批评。还有一次是因为做礼拜，由于当时的政治环境，知青点是不允许做礼拜的，马牧西是个虔诚的穆斯林，打从懂事起就每天跟着父亲去清真寺做礼拜，下乡了虽然不方便，但他还是坚持有时间就做，由于他的工作性质特殊，单独一个人做礼拜很长一段时间里没有被人发现。时间久了肯定是瞒不住的，终于在一次学习会上被人揭发了出来。为此马牧西做了好几次检讨才算过关。

赤脚医生的职责主要是给人打针、开药、包扎伤口，看一些常见病、多发病。大一点的病就应当转到医院去看。但是马牧西遇到的实际情况是，多数农民看不起病，不是万不得已他们是不会到城里大医院去看病的，他们很相信赤脚医生，尤其是在马牧西治好了一些病之后，他们更加信赖他，什么病都找他看，马牧西动员他们去医院他们也不去。这样的境遇给马牧西造成了很大压力，也给了他很多实践的机会。有些疑难问题他处理不了，便回去请教父亲，有时病人的情况紧急，他就当天夜里回去请教，第二天一大早再赶回来处理。总的来说，他行医还是十分谨慎的，没有出过一次医疗事故。在乡下的三年，马牧西积累了丰富的临床经验，三年插队，两次被评为临夏地区的先进知青。

1978年2月，甘肃省建筑工程局到临夏招工，马牧西被招到省建六公司601工程处当钢筋工。建筑工人经常要高空作业，混凝土灌注到多高，钢筋工就得爬到多高，其他许多工种也是这样。有一次高空作业，一个工人突然晕倒了，幸亏旁边的人反应快，把他扶住了没有摔下去。众人将他扶到地面上，马牧西摸了摸他的脉搏，说："这个人是高血压，不适合高空作业。"

旁边一位领导问："你怎么知道他是高血压？"

马牧西说："我是从脉象上看出来的。"

"脉象？我还从来没听说过高血压摸脉能摸出来的。"

领导安排把这位工人送到医院检查了一下，果真是高血压。从此，人们便知道了马牧西会诊脉看病，有个大病小情就来找他看。青年工人小张结婚几年了还没有孩子，他问马牧西有没有什么办法,马牧西抓住他的手腕说,我先看看你的脉象。小张说:"我媳妇不生孩子,你看我有什么用?"

马牧西道:"说不定是你的问题呢?"

小张乖乖地把手伸给了他,马牧西号完脉说:"明天把你媳妇带来。"

小张问他:"究竟是不是我的问题?"

"等给你媳妇看完再说。"

小张见马牧西还是个没结婚的小伙子,有点信不过,说:"你装得神神秘秘的,到底懂不懂啊?"

马牧西道:"你要是信得过我,就把你媳妇带来,信不过就算了。"

第二天,小张把媳妇带来了,马牧西给她号完脉,开了两个方子,让两个人同时吃药。回去之后,小两口疑疑惑惑地按着他的方子把药吃了,过了一个多月,还没动静,小张跑来问马牧西:"你的方子到底管不管用啊?"

马牧西反问道:"你媳妇来例假了么?"

"没有啊。"

"那就再等等吧。"

又过了几天,小张拿了一包喜糖来找马牧西,兴高采烈地说:"谢谢你呀,小马,有啦!"

那是马牧西第一次给人治不孕症,心里也没有确定的把握,只是在当赤脚医生期间,对滑脉有了一点感觉和心得体会,想试一试,没想到居然成功了。十个月后,小张抱上了儿子,但是他还有一个问题一直不解,问马牧西:"前几年不生到底是我的问题还是我媳妇的问题?"

第三章　漫漫学医路

马牧西说："你们俩都没问题，只是有点小小的障碍，排除了就好了，让你吃药主要是为了保险。"

从此，马牧西在省建出了名。小张抱上儿子之后，先后带来十多个不孕症患者，马牧西看过之后，有七八个怀上了孩子。连不孕症这样的疑难症都能治，还有什么不能治的？于是不管什么病，工人们都来找他看。有些病他确实没见过，看不了，可是不管他怎么解释，人们都不信，非要让他治不可，这样，又给马牧西提供了更多的临床实践机会，能够见到更多的疑难杂症，也能充分体会各种病症的脉象、表征的特点和不同。

开始马牧西只是在业余时间给人看病，渐渐地，业余时间已经不够用了，很多人找到工地上来请他看病，这样难免会影响工作，一个入厂还不到一年的学徒工，这样吊儿郎当地干活怎么行！人们对他有了一些议论，领导也批评他，不要三心二意，上班就好好上班，下班再去给人看病。马牧西答应了，可是找他的人依然不断，马牧西很为难，工友们便主动去找领导替他说情，他们对领导说，马牧西耽误的工作，我们帮他干，我们一定想办法加倍补回来。601工程处的领导很开明，他们专门为马牧西的事情开了一次会，决定允许他半天上班半天给人看病。

马牧西深知自己有限的这点医疗水平，随便给人看病是不行的，因此，碰到一些疑难杂症，就去向内行求教，在金城（兰州的别称）遍访名医，医术也随之迅速提高。

西北名医王仲英先生号称国医，在兰州开了一家私人诊所，马牧西一有时间就到诊所去，帮老先生开方、制药，打打下手，同时向他请教一些疑难问题。王先生十分欣赏马牧西的才干，也很敬重他的人品。老先生已经七十多岁，早就不招学生了，认识马牧西之后，有心收他为关门弟子，马牧西当然也愿意，可是按照行里的规矩，拜师是要磕头的，而穆斯林只给造化万物的真主磕头，从不给人磕头。这点事本来不算个事，通过中间人沟通一下，王老先生会通融的，但是马牧西当时还年轻，对这些人情世故不是很懂，一听说要磕头，不知怎么应付才好，不磕头对不起老先生，磕了头违反教规，他左右为难，很长时间不敢到诊所去，害怕见了老先生不好回答。王先生到处打听他的消息，还经常托人给他带话，让他去串门，越是这样，马牧西越不好意思去，就把拜师的事耽搁了。

后来，经人介绍，马牧西又认识了已退休的甘肃省中医学院院长于己百先生。于先生德高望重，医术全省闻名。他是马牧西的最后一位恩师，从他身上，马牧西不仅学到了很多医学专业方面的知识，还学到了许多行医做人的优秀品质。

为了能够系统地学习中医理论，1979年，马牧西报考了一所中医函授大学。这所大学总部设在北京，面向全国招生，一个省一个考点。报名之后只是收学费，既无人授课，也无人辅导，只是定期考试。马牧西上了一年多，觉得意义不大，加上工作繁忙，就没有再去。1982年，他参加了甘肃省总工会职工教育部举办的第一期中医学习班。每周一三五晚上、周日全天上课，由甘肃中医学院的各科老师授课指导。马牧西在这里学习了两年，使自己的医学知识达到了系统化，但是这是一个没有学历的培训班，结业时只给了一个结业证书。到了培训班不久，马牧西就被调到甘肃省经济协作办公室下属的"甘肃省名老中医门诊部"，开启了他的一段新的人生历程。

第四章

誉满金城

马牧西调到名老中医门诊部时,并不是作为医务人员调进来的。他既没职称又没学历,领导只能先安排他干一些杂活。除了不会开车,门诊部所有的岗位他几乎都干过了,划价、记账、收费、炮制中药材、库房管理、司药等等,有时,领导还安排他去出差或干一些临时应急的事情。马牧西在省建已经治好过不少疑难病症,一传十十传百,马牧西的名字不胫而走,不少患者找上门来请马牧西看病。马牧西一边干着本职工作,一边给他们诊脉开方。后来找他来看病的人越来越多,几个月以后,门诊部门前来找他看病的人已经排长队了。马牧西的行医资格问题还没有解决,怎么办?门诊部负责人请示领导,领导回答说:"改革开放时期,可以特事特办,有些政策界限可以突破。既然他会看病,就让他看,可以一边坐堂一边给他办理行医资格。"于是,在门诊部的大堂里,又给马牧西加了一张桌子,这是马牧西第一次以"合法"身份给人看病。

马牧西在药房

在马牧西到来之前，门诊部的生意一直是冷冷清清、不死不活的，勉强能够维持。马牧西来了之后，前来就诊的人越来越多，门诊部的效益也越来越好。不到半年的时间，每天来找马牧西看病的人已经超过了150人，最多的时候达到一天230多人。要挂马牧西的号已经不是件容易事，要么得早起排队，要么就得托人。门诊部当天的号一挂完，立刻有人排队挂第二天的号。为了排号，门诊部门前经常发生争执，有时甚至为了位置的先后而打起来。门诊部主任刘存仁（原甘肃省人民医院药房主任）老先生已经快六十岁了，看到患者挂号这么难，每天早上六点就来给大家挂号。

马牧西是临夏人，他刚成名的时候，从临夏、东乡等地慕名而来找他看病的人特别多，主要是回民。后来，他的名声已经远播甘肃全省，很多人千里迢迢从武威、张掖、酒泉、平凉等地专程跑来找他看病。面对这些父老乡亲，马牧西一个也不忍心拒绝，只要有人找来要加号他都给加，以至于在长达五六年的时间里，

第四章 誉满金城

他每天要工作十三四个小时。门诊部早上八点上班,他七点便开始接诊病人了。他初出茅庐,还没有助手,号脉、开方都是一个人干。那时电脑还没普及,开方要用复写纸,一式三份,写字必须用足力气,每到下午,握着圆珠笔的右手便伸展不开了。他的右手中指第一个关节,到现在还留着一个深深的窝,那是当年握圆珠笔留下的痕迹。马牧西最初行医的几年,一直是以这样的状态工作着。平时有点头疼脑热也不得不坚持,甚至发着高烧还来上班,人们曾不止一次地在门诊部看到他挂着输液瓶在给病人看病。他不来,那一百多号病人就得等到第二天,一想到那些比他病得更厉害的人,他在家里就躺不住了,在长达三十多年的时间里,马牧西除了去麦加朝觐,几乎没有缺过一天勤。

有一次,马牧西得了化脓性扁桃体炎,发高烧,住进了兰州传染病医院。一些患者不知从哪里打听到马牧西在传染病院住院,纷纷找到这里来请他看病。马牧西挂着输液瓶半靠在床头,有气无力地给他们号脉,妻子陕桂芳就在床头柜上写方子。这个消息一传开,等在名老中医门诊部的患者也都跑来了,医院走廊里被人们挤得水泄不通,连医院的正常工

一边输液一边在给病人看病

作都受到了影响。护士们前来维持秩序，想说服人们到门外去等，可是根本没人听。病房里还住着其他患者，也只好忍耐一下。最后事情惊动了院长，院长亲自到病房来看了看，才知道是马牧西在这里住院。马牧西夫妇一个劲地向院长道歉，说他事先也没料到会这样，给院里添了这么大麻烦。院长说："这是哪里的话，我们为有你这样的患者感到光荣，只是你还发着高烧，这样恐怕吃不消，是不是等稍好一些再工作？我去给门外的患者做工作。"马牧西道："没有用的，护士已经劝了半天了劝不走，既然来了就给他们看吧，只是影响了你们的工作。"

院长道："既是这样，我就给你换一间病房，离开门诊主楼，那样就不影响工作了。"

院长安排人给马牧西换了一间单独病房，并派去了几名工作人员，协助维持秩序、开药方，于是看病的人们又在传染病院排起了长队，外面的患者看完之后，本院的不少医生、护士听说马大夫脉功好，也来找他号脉看病，原在本院住院和看病的病人也来了不少，马大夫住了一周院，每天从早晨一直忙到天黑，病还没好，就躺不住了，挂着输液瓶又回到了名老中医门诊部。

还有一次是在兰州大学第一医院住院，也发生了同样的事情。正在医院给母亲挂号的一位男子看到马大夫住进了医院，便偷偷跑回家，把母亲背到了马大夫的病房，请他诊治。这一下走漏了消息，前来找马大夫看病的人立刻涌满了走廊，院方不得不把马大夫同病房的患者全部搬出去，腾出病房来供马大夫给人看病。

正在附医就诊的妇科主任王秀花的丈夫杜先生患坐骨神经疼，疼得不能走动，听说马大夫在这里住院，也来找他，想约个时间去马大夫门诊部做针灸治疗。马大夫出院后，杜先生如约来到名老中医门诊部。来时他还不能走路,是别人把他送来的,马大夫给他扎上针说:"你站起来,试试能不能走。"

杜先生站起来试着走了两步,说:"不行,还是疼得厉害!"

两个人在兰医已经熟了,马大夫半开玩笑地说:"你把胳膊抬起来,摇一摇。"

杜先生一面摇胳膊一面说:"腿上疼摇胳膊管什么用?"

马大夫说:"你使劲摇,摇完就能走了。再使劲!"

杜先生按照马大夫的要求又使劲摇了摇胳膊,马大夫说:"你再走两步试试!"

杜先生试着又走了两步,说:"唉,奇怪呀,怎么不疼了?腿疼摇胳膊,你这是什么妙方?"

马大夫说:"什么妙方也不是,我就是和你开个玩笑。你病得时间长了,已经不相信自己能走路了,分散一下注意力就好了。"

回到家后,杜先生把情况对妻子讲了,王秀花感到十分神奇,作为一个省内西医的权威人物,她对马牧西的神奇医术感到十分惊奇。第二天一大早,跑到门诊部来看马牧西,她不想打搅马牧西和门诊部的领导,只是站在人群里悄悄地看,不料还是被门诊部主任马志谋发现了,把她请到了办公室。

后来杜先生又在门诊部做了一段时间针灸,坐骨神经疼彻底治好了。

自从马牧西开始坐堂看病,门诊部那些名老中医脸面上就有点不好看了。在名老中医门诊部坐堂的都是省内各中医院退下来或即将退休的老中医,或多或少都有点名气,即使一点名气没有,至少还有个主任医师的头衔挂在那里。应当说这些老中医还是有一定水平的,虽然也有个别滥竽充数的。

马牧西和这些名老中医同堂坐诊，心里是有压力的。最让他感到难堪的是，有段时间，他的恩师于己百先生也和他同堂坐诊。马牧西一见到于老师就感到不自在，于先生却很坦然，每天挂他的号的人有时是十几个，有时是二十几个，看完自己的病人，他就在一旁看马牧西诊病，并经常与他交流一些行医的心得体会。

但是，并不是每个人都有于老先生这样的胸怀和修养。每天来门诊部就诊的几乎全是找马牧西的，其他人的号加起来不过几十个，有的人坐一天也没有一个患者挂他的号，有的病人本来是冲着名老中医来的，但是到了门诊部一看，马牧西这么有名气，干脆又改挂了马牧西的号。于是几位老中医看不下去了，一起找门诊部领导谈话，质疑马牧西的行医资格问题，有的还向门诊部提出了辞呈，既然有这么一位赫赫有名的马牧西，还要我们来做什么？

为了协调马牧西和老中医之间的矛盾，门诊部把马牧西的诊室迁到了马路对面的小院子里。这样就形成了一个更鲜明的对比，马路这边，宽宽敞敞的门诊大堂冷冷清清，七八位老中医坐在那里喝茶聊天，偶尔进来一两个看病的；而马路对面的小院子里，从早到晚挤满了患者和他们的家属，有的站着，有的席地而坐，有的趴在诊室的窗子上张望，盼着早一点轮到自己。小院子里站不下这么多人，门外的马路上都是三五成群等着叫号的，连过往的汽车到这里都要鸣笛减速。终于有人按捺不住了，写信向卫生管理部门告状，举报马牧西非法行医。接着，街头巷尾又传出了各种攻击马牧西的流言蜚语，有的说马牧西是个骗子，有的说马牧西胆子太大，什么药都敢开，多大剂量都敢用，吃了肯定要出问题。有些话说得很难听，"那么大剂量的药是给人吃的么？那是给牲口吃的。这样下去不死人才怪呢。"

卫生管理部门很快便派人到门诊部来进行调查。马牧西没有行医资格是事实,这个状一告即准,卫生管理部门下令取缔了马牧西的行医资格。马牧西又回到了药房。但是马牧西的大名已经传遍金城,他在药房抓药,人们还是不断找上门来请他诊脉、开方,门诊部前依然车水马龙。马牧西根本不能露面,一露面便被人们围住了。

面对管理部门的决定和沸沸扬扬的舆论压力,门诊部领导有些顶不住了,让马牧西回家暂时休息一段时间,工资照发。马牧西不能白拿门诊部的工资,要求还回药房去干司药,领导说:"算了吧,你趁这段时间找个单位调走吧。"马牧西这才明白,领导是要赶他走了。他二话没说,离开了门诊部,连当月的工资也没领。

当时的经济协作办公室主任李源和是一位非常有胆识、有魄力的领导,他知道马牧西是一位深受群众爱戴的好医生。听说此事之后,要求门诊部立刻把马牧西请回来。门诊部领导顶着不办,说:"把马牧西请回来,出了事我负不起这个责任。"

李源和主任说:"出了事我负责。"

门诊部领导依然不同意请马牧西回来,态度很坚决:要么他走,要么我走。门诊部的效益开始直线下降,很快就由赢利变成了亏损。名老中医门诊部是经协办创办的一家新型企业,完全自负盈亏,没有花过国家一分钱,这样长期亏损下去是不行的,作为改革开放的试点企业,经协办无论如何也不能让它垮掉,于是经协办召开了主任办公会,决定将门诊部领导调到别的部门,请马牧西回来继续坐诊。

与此同时,经协办又派人与卫生管理部门协商,希望给马牧西争取到合法行医的资格。卫生管理部门感到很为难，一方面，攻击马牧西的舆论沸沸扬扬，他们不敢担这个风险；另一方面他们也了解到，马牧西确实是一位深受群众爱戴的好医生，取缔马牧西的行医资格已经引起了广大群众、特别是回族群众的强烈不满，经过省经协办和卫生管理部门反复协商，最后决定让马牧西参加当年省卫生厅职改办组织的职称考试。

1988年，马牧西通过了中医师资格考试，取得了初级职称，1992年11月，马牧西又顺利地考取了中级职称。现在，他可以名正言顺地坐堂行医了。马牧西在家闲居准备考试的时候，关于他的各种谣言也随之终止，可是他一出山，各种污蔑不实之词又接踵而来，反对马牧西的声音一浪高过一浪，有些有闲的人就是跟他过不去，非要把他搬倒不可。有的人甚至在公开媒体上写文章对他进行攻击。

马牧西诊室的隔壁是某单位的家属院。一天，马大夫正在给病人看病，一个年轻女子跑进来，拉着马大夫就走，急火火地说："我妈妈不行了，你赶快帮助抢救一下！"马大夫说："什么事，你慢慢说，我这里还有这么多病人呢。"女子不由分说硬把马大夫拉走了，马大夫一面走一面说："你有什么事赶快说，别这么拉拉扯扯的好不好？"女子神情十分紧张，抓住马大夫的衣襟不撒手，街上的人都以为出了什么事，很多人跟着围观。马大夫跟着女子来到她家，原来是她母亲上吊自杀了。家属院附近没有医院，唯有名老中医门诊部是医疗机构，那位妇女是想让马大夫帮着抢救她母亲。马大夫用手摸了摸死者的脚踝，尸体已经冷了，马大夫说："人已经死了，抢救不过来了，赶快打电话报警吧。"

这件事本来和他没任何关系，却给他带来了不小的麻烦。除了死者的女儿，他是第一个目击证人，在公安局调查之初，甚至免不了嫌疑人身份，当时就被带到公安局去做笔录。第二天，谣言就传开了，有的说马牧西乱给人开药，吃死人了，还有的说马大夫搞女人犯事了，被女方拉到公安局去了。过了很长时间，舆论才慢慢平息。

　　一方面，攻击马牧西的舆论甚嚣尘上，另一方面，来找马牧西看病的人依然有增无减，门诊部专门为他租下的那个小院子，依然是从早到晚车水马龙、人声鼎沸，马牧西根本顾不上去解释那些流言蜚语，每天光是看病就已经耗去了他的全部精力，偶尔有些闲话传到他的耳朵里，他也只能苦笑着摇摇头，实在气不过的时候，便说一句："我可以对每一个来这里看病的人负法律责任，如果把病人治坏了，我情愿去坐大牢。"

　　任何一位医生都不可能包医百病，有些病能治好，有些病就是华佗再世也治不好。三十多年过去了，马牧西医治过的病人已经超过了120万人次，他治好了无数病人，也有不少病人吃了他的药效果不大，或者没什么效果，但是从来没有一位病人因为吃了他的药而病情加重或者留下什么后遗症，在他行医三十多年的时间里，没有出过一例医疗事故，没有和一位患者红过脸、吵过架，按说反对马牧西的舆论应该自生自灭了，但是事实却不是这样。三十多年来，反对马牧西的舆论几乎一天都没有停止过，这也许是具有中国特色的一个奇怪现象。另一个奇怪现象是，反对他的呼声这么高，来找马牧西看病的人数依然不减，三十多年来，几乎没有一天少于100人。现在来找他看病的，已经不仅仅是甘肃本省的患者和回族兄弟，而是来自全国各地，有山西、陕西的，有广东、四川的，有新疆、云南的，还有很多外国朋友。

马牧西的处方特点是大方子、大剂量，他的方子一般用药都在二十味以上，多的时候能达到三十味，剂量之大，一般的药锅往往煮不下。攻击他最多的也是这个问题。我就这个问题采访过他，他说："现在的中草药很多是大面积种植的，为了高产，大量使用化肥，药效远不及野生的。药品市场开放以后，收购质量也大不如从前，以次充好的现象十分普遍，如果还按过去的剂量用药，很难达到预期的效果。"关于大方子和小方子的问题，中医史上一直有经方派和时方派之争。经方派主张用药要少，直指主要病症，不可考虑太多，面面俱到，否则什么病也治不了。医圣张仲景就曾说过：药过十三百病不治。但是到了唐代，孙思邈就推翻了这个结论，采用大方子。经方派和时方派各有自己的道理，在医学实践上也各有自己的成功案例和贡献。无论是经方派还是时方派，都是那些敢于突破传统的医生发展了中医学，否则中医会永远停留在一个水平上，甚至倒退。作为初出茅庐又是这样一位有争议的医生，马牧西不敢说这样开方是自己的创造，只能默默地做。我想，他治好了那么多别人治不好的病，一定是有自己独特的思考的。马牧西属于时方派，他父亲马正隆也以敢用药，用药剂量大著称。但是马牧西并不排斥经方派，也不是一味地追求大剂量，而是根据病情需要确定剂量。随着行医经验的积累，他用药也越来越谨慎，用药剂量已不像初行医时那么大，显然是吸收了经方派的某些长处。

马大夫热爱自己的职业，给人看病时，不仅充满了对患者的爱心和同情，还有一股抑制不住的对待自己职业的激情。在他的诊室里，我看到了这样的情形：当他给病人号过脉摸准病情之后，总是要稍微思索一下，仿佛一个大将军在斟酌自己的作战方案，

这个方案往往在几秒钟之内就形成了,然后便像炮兵开炮一样,一口气开出药方:

丹参麦冬五味子,枣仁远志黄连夜交藤!瓜蒌!白芍枳壳青陈皮!枸杞熟地当归,大云山萸肉水牛角……

他一口气说完药名,两个助手都知道他通常用药的剂量,一般不用问,需要特别增减剂量的,他说完药名之后会单独交代。在开方子的时候,你可以看到他两眼放光,格外兴奋;方子开完,仿佛打完了一场硬仗,脸上带着满意的笑容轻出一口气,便又恢复了平静。

民间历来有一种说法,大夫的精气神旺,才能镇得住药。像马牧西这样的气质,估计所有的药神、药鬼们都得臣服。

经过十几年的艰苦努力,马牧西终于获得了人们的承认,1996年,马牧西通过了高级职称评审,取得了副主任医师职称。

2000年,马牧西被评为"甘肃省卫生系统先进个人"。

同年,马牧西被评为"兰州市名中医",这是新中国成立以来兰州市唯一的一次评选名中医的活动。

2008年,马牧西当选为"兰州市服务行业明星"。

2014年,甘肃省电视台"百名穆斯林人物"栏目对马牧西做了重点宣传、报道。

马牧西还担任过兰州市第九、第十、第十一届政协委员。

马牧西的成就,绝不是这些荣誉和头衔所能概括的,他的成就完全可以在中国医学史上大书一笔,他所救助的患者达120万人次,仅这一点,就创造了一个新的吉尼斯纪录,他的临床经验和创造给中医学留下了一笔宝贵的财富。多年来，他忙于临床坐诊，还没来得及整理，但他的名字已经深深地刻在广大人民群众的心中。

由于马牧西的声名远播，很多高级干部和社会名流也都来找他看病，他曾先后给百余位省部级以上干部看过病，从省长、省委书记、大军区司令员到国家领导人都有，各界名流更是不计其

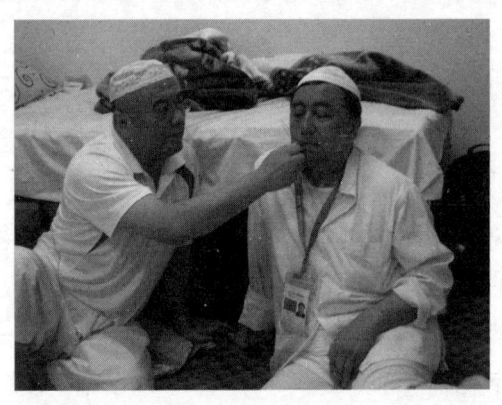

针灸

配药

数。一些远在北京、上海、深圳等大城市的患者或由于病重不能前来，或由于工作原因脱不开身，经常请他去出诊。他出诊的范围，南到成都、重庆、昆明、深圳，东到上海、青岛、天津，北到沈阳、大连、长春，西到新疆、青海、西藏，足迹遍及全国二十多个省份。还有一些外国朋友，得了西医治不了的疑难杂症也来找他。

随着马牧西的成功，各种荣誉也接踵而来，人们给他送来了各种各样的感谢信、表扬信、锦旗和牌匾，挂满了诊室和医院的走廊。马牧西并不希望这样，但是诊所要宣传自己、扩大影响，马牧西也不好反对，于是，他在那些牌匾中间挂上了一块大大的他自己定做的牌匾——来者吾师。

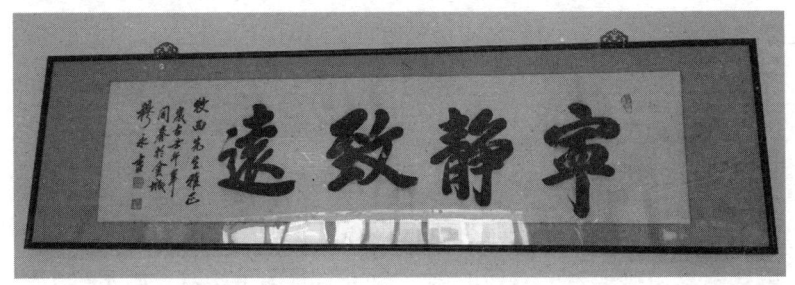

甘肃省副省长穆永吉给马牧西的题匾

第五章

贤妻陕桂芳

人们都知道马牧西医术高超、医德高尚,治好了不少疑难病症,但是很少有人知道,在马牧西辉煌耀眼的成就背后,还有一个人的默默奉献。这个人就是马牧西的妻子陕桂芳。

陕桂芳也出生在临夏市八坊区,和马牧西家是住在一条街上的邻居,两个人同岁,称得上青梅竹马。陕桂芳的父母都在临夏清真食品厂工作,母亲是工人,父亲是车间主任。桂芳家共姐弟四个,姐姐比她大得多,早早就出嫁了,母亲要上班,家里的弟弟妹妹就由她照管。有段时间,为了照看弟弟妹妹,她不得不辍学在家,给弟弟妹妹做饭。自从她8岁那年家里有了个妹妹,桂芳就学会了做家务,洗衣做饭什么都会干,已经完全顶得起一个家庭主妇的职责了。每天中午她都要给弟弟妹妹们擀一张子面,调皮的弟弟吃烦了,经常以不吃饭相威胁,桂芳不得不耐着性子哄着他吃。有一次,桂芳下菜窖取菜,弟弟竟然把菜窖门盖上还上了锁,锁上之后自己也打不开了,陕桂芳在地窖里听见弟弟妹妹在上面哭,干着急没办法,直到母亲下班回来才把她放出来。

第五章 贤妻陕桂芳

辍学在家的桂芳十分留恋学校的生活，经常背着妹妹到学校去，站在教室窗外听老师讲课。直到后来妹妹大一点，送到了托儿所，她才得以重返校园。

马牧西上学早，陕桂芳是按正常年龄入学，比马牧西晚了两年，和马牧西的弟弟马牧南同一个班。桂芳的母亲身体一直不好，生弟弟妹妹的时候两次大出血，都是马正隆老先生为其诊治，但是打针送药这些事却是由马牧西来完成的。一天下午，马牧西给陕家婶婶打完针，刚要出门，恰好碰上陕桂芳背着书包放学回来。两个人碰了个面对面，桂芳一下子羞红了脸，不知道该说什么好。马牧西和陕桂芳都在临夏三中上学，马牧西上高中，陕桂芳上初中，她经常听到同学们说起马牧西，尤其是牧南，从小就崇拜哥哥，经常和同学们说起马牧西给人看病的种种故事，在陕桂芳的心中，马牧西已经成了她崇拜的偶像，如今这尊偶像就站在自己面前，激动得她心怦怦直跳，指着马牧西说："你是，你是穆萨（马牧西的小名）！"马牧西道："你就是和牧南一个班的桂芳吧？"桂芳羞得脸一红，什么也没说，钻进里屋去了……之后的几年，他们却没有一点接触，唯一的一次面对面接触是在下乡之前。

马牧西高中毕业后耽搁了一年多没下乡，恰好赶上陕桂芳初中毕业，两个人下乡的时间赶在了一起。那会儿桂芳父母亲觉得她年龄还太小，怕下乡去吃不消，一心想让她继续读高中。当时学校里整天学工学农学军，基本上不上课，桂芳觉得上学也没什么意思，不如早点下乡早点抽上来参加工作，于是便把户口本悄悄从家里偷出来，自己到学校上报了名。父母亲知道之后，把她痛揍了一顿，但是木已成舟，也就没有再阻拦。

下乡之前，陕桂芳到商店去采买床单被褥和洗漱用具等生活用品，没想到在百货商店碰到了马牧西。陕桂芳已经把该买的东西买齐了，马牧西才进来，她一面装着还要继续买东西，一面悄悄观察马牧西，没想到马牧西居然选了一条和她的一模一样的床单，这让她心里不由得生出许多联想，也许这种偶然的巧合在预示着什么？陕桂芳正在胡思乱想之际，马牧西已经买完东西走了，桂芳不由得感到几分失落。她低着头走出商店，远远地看见马牧西手扶自行车正在路口站着，她知道他是在等她，这是他们下乡之前唯一的一次就近接触的机会，两个人心里都有千言万语要说，可是谁也开不了口，那个时候的年轻人还磨不开这个面子，只是打了个招呼就匆匆分手了，但是相互间的眼神却传递了他们各自心中的秘密。那次见面，可以说是他们"私订终身"的关键一面。

陕桂芳下乡是在积石山县的乩藏公社，马牧西在临夏县安家坡，虽然离得不算太远，却再也没见过面。

乩藏公社的男女知青点也是分开的。女生点八个人，分住在三间宿舍里。在城里，冬天是靠暖气取暖，乡下则是靠热炕。刚下乡时知青们不会烧炕，把打来的大柴直接往炕洞子里塞，烧得炕席都糊了，害怕被子被烧着，抱着被子站在地上，等炕凉一些能睡人了再上去；刚睡下不一会儿，炕又凉了。后来，在老乡们指导下她们才知道，烧炕不能用大柴，只能用那些细毛草，有时还要掺点土，不让火苗着起来，有烟就可以了，即俗话说的熰炕。陕桂芳从小在家里干家务，生活上的事比别的知青学得都快，她很快就掌握了熰炕技巧，三个宿舍中她们这个宿舍炕烧得最好，另外两个宿舍的女生经常掌握不好，晚上便抱着被子到她们这个宿舍来挤。

知青点轮流做饭，有的知情宁愿下地干活也不愿做饭，有的

第五章 贤妻陕桂芳

愿意做但做不好,做了大家不爱吃,就和陕桂芳换工。陕桂芳擀面条的技术全知青点没人可比,知青点上分的细粮大家舍不得随便做做糟蹋了,一定要陕桂芳亲自擀面给他们吃。陕桂芳的针线活也是一流的,她从小就喜欢画画,还跟母亲学过刺绣,加上生活的磨炼,练就了一双巧手。下乡后,常给老乡们缝缝补补,姑娘们出嫁常帮着做嫁妆,做新衣,做缎子棉袄。后来大队搞了个裁缝铺,买了两台缝纫机搞经营,村里一个年纪大些的妇女会裁剪,就由她领着陕桂芳和另外两个姑娘做衣服、裤子,每件六毛钱,收入全部归大队,做工的姑娘们记工分。临夏在甘肃算得上富庶,也只是吃饱肚子而已,陕桂芳记得,下乡三年,知青点分的粮食不少,但是没分到过一分钱,知青们穿衣零用还得靠家里补贴。

陕桂芳和马牧西有缘。1978年2月,陕桂芳被招工招到了省建六公司,马牧西也被招到了六公司。两个人是从不同的插队地点被招上来的,陕桂芳所在的知青点,八个姑娘只推荐了她一个。桂芳家里和临夏县没有任何关系,完全是凭自己的努力被推荐上来的。下乡三年,她任劳任怨,什么脏活累活都抢着干,平时点上知青不管谁遇到困难她都会主动帮忙,与当地老乡和知青们结下了深厚的友谊,招工时,无论是贫下中农打分推荐还是知青们自己相互打分,她都是第一名,她被推荐上,没有任何人有异议,点上的七个姐妹高高兴兴地把她送上了返城的汽车。省建总公司这次招工从全省各地招了一百多人,分到六公司的有二三十人,而分到601工程处的人只有两个,这就是马牧西和陕桂芳。来接他们的是一辆大轿子车,陕桂芳上车的时候,看见车上用粉红色的纸写着她和马牧西的名字,马牧西正在车上坐着,心里激动得扑通扑通直跳。那天陕桂芳的父亲来送她,一直送到车跟前,他是看着两个孩子一起长大的,见了马牧西,对他说:"桂芳年纪还小,没出过远门,以后你要多照顾她一点。"其实马牧西和陕桂芳是同岁,因为马牧西上学早,老人家总认为马牧西比桂芳大。马牧西满口答应,这正是他求之不得的。直到后来两个人结了婚,马牧西还和老岳父开玩笑说:"我把你姑娘照顾得怎么样?"

其实,到了兰州以后,真正得到照顾的是马牧西。参加工作后,他们最大的不便是吃饭。单位里回民少,没有清真食堂,这个难不倒陕桂芳,她从小就会做饭,到兰州后买了个煤油炉子,自己做着吃一点不犯难。马牧西就没这个本事了,在乡下,他是靠吃百家饭过来的,现在突然没地方吃饭了,有点尴尬。马牧西从小是过继给他大伯的,到了兰州以后,就住在大伯家里,早晚两顿可以在大伯家吃,中午离家太远回不去,只好带点馒头饼子什么的,陕桂芳知道他没处去吃饭,便每天中午多做一点,邀他一起来吃。马牧西巴不得这样,当然不单单是为了吃饭,而是因为有了每天和陕桂芳在一起的公开理由。单位领导知道他们生活上有困难,有一天中午,工程处的一位领导提着一个煤油炉子和一桶煤油来到陕桂芳的宿舍,对她说:"小陕同志,咱们单位没有清真食堂,委屈你们了,自己做着吃吧。同时我还要给你交代一个任务,和你一起来的小马同志也是回民,也没地方放吃饭,你做饭的时候把他的也带上,需要什么,可以到大灶上去拿,油米面菜随便拿,吃多少拿多少。"陕桂芳十分爽快地答应了。那位领导还不知道,马牧西早就在这里悄悄地搭上伙了。

爱情的种子早已在两个人心里埋下了,两个人在一起时间不长,就已经明白了对方的心思,但是谁也没有挑破,因为在他们之间还隔着一个巨大的障碍。陕桂芳家里几年前就给她订下了一

第五章　贤妻陕桂芳

门亲事，男方就是陕桂芳亲舅舅的儿子，她的表哥。陕桂芳知道近亲不能结婚的道理，对父母亲说了，父母亲根本没听进去。下乡以后，表哥经常到乡下来看她，给她带各种各样的好吃的，陕桂芳一再拒绝也挡不住。在乡下，他不知给表哥和父母亲写过多少次信，说明近亲结婚的危害。陕家的一个邻居就是近亲结婚，生下孩子来个个都是弱智，她以此为例劝说他们，但是他们也举出许多相反的例子来劝她，逼她就范。久而久之，对方（包括桂芳的父母亲）根本就不把她的话当回事了。表哥还照样到知青点来看她，而且搞得很招摇，整个知青点甚至在别的点下乡的同学都知道陕桂芳和她表哥订婚了。马牧西当然也知道这件事，所以他无法启齿向桂芳表达自己的爱慕之情。

陕桂芳参加工作以后，表哥家里怕事情有变，就开始催着她结婚。舅舅舅母已经把他们结婚用的所有的东西都准备好了，桂芳一回家探亲，家里就催着她赶快把婚事办了。前两次，桂芳以学徒工不准结婚等理由搪塞过去了，第三次回家探亲，舅舅一家和桂芳的父母亲商量好，打定主意要趁这次桂芳探亲把婚事办了。桂芳一进家门，母亲就拿出一块宝石花手表问她好看不好看，桂芳警惕地意识到，这是表哥家送来的，她把表还给母亲说："这是他家送来的吧？给他们退回去吧。"

母亲见瞒不住，便把双方商量好的结婚计划告诉了桂芳。舅舅家还送来一大堆彩礼，有被里被面毛料，还有不少衣物，母亲一件件打开给她看，她又一件件叠好，说："统统都退回去，我就是死也不能和他结婚。"母亲流着眼泪劝她，她流着眼泪给母亲讲道理，双方谁也说服不了谁。

母亲说服不了桂芳，又找来一大堆亲戚来给她做工作。与其说是做工作，倒不如说是批判会，一群人围着桂芳指责她，桂芳也不示弱，和他们大闹了一场，其中有语言冲撞到母亲，表哥说她不孝，居然抬手要打她，被众人拦住了。桂芳意识到，这次恐怕是脱不了身了，必须得想个办法，她急中生智，对众人说："要结婚可以，我得回去一趟，和领导说一声，还得开个介绍信吧？"

本来舅舅家的意思是先把婚礼办了再领证，桂芳提出要先领证，舅舅家似乎没有理由拒绝，但还是坚持要先办婚礼，双方相持不下，众人要桂芳的父亲拿个主意。父亲毕竟是国家干部，经过桂芳几年来的抗争，他已经有了很大转变。开始他顾及面子多，总觉得已经承诺的事情不好反悔，现在见女儿这样坚决，就顾不得面子了，桂芳讲的近亲结婚的危害，他也都听进去了，他决心帮女儿摆脱这桩婚事，后面的烂摊子自己来收拾。父亲一锤定音，舅舅家只好同意桂芳回单位去开介绍信。

要说桂芳这位表哥，确实是从心里爱她的。两个人从小在一起长大，心里怎么也割舍不下。桂芳走的时候，又给她送来不少吃的用的，怕她晚上受寒，还专门给她买了一条毛毡，他已经意识到，桂芳此去再也不会回头了，长途车一开动，他追着车跑了很远，直到看不见了才停下。桂芳在车上看见这一幕，不禁流下了眼泪，默默地在心里说："表哥，对不起了。"

在路的那一头，另一个深爱她的人正在等他。陕桂芳离开兰州三天，马牧西等了三天。每天在女宿舍楼下转来转去，一直等到深夜，期望能够在第一时间见到她。陕桂芳走的时候，马牧西已经预感到事情不妙，每次桂芳回家探亲，都遭到逼婚，这一次怕是逃不掉了。送桂芳走的时候，他的心情很郁闷，脚下似乎灌

第五章　贤妻陕桂芳

了铅,每一步都显得那么沉重,嘴上还故作轻松:"这次回去要结婚了吧?别忘了给我带喜糖回来。"

桂芳心里正烦得要命,没好气地说:"人家心里难受你又不是不知道,怎么还开这样的玩笑?"

"结婚是喜事么,难受什么?"

"你再说?再说就回去,不要送我了!"

陕桂芳回到601工程处的时候,马牧西正在宿舍楼下等她,一见面就问:"事情办得怎么样了?还等着吃你的喜糖呢。"

陕桂芳在家里受了一肚子气,拼死拼活才算逃了回来,见马牧西一点不理解,还这样没心没肺地调侃,气不打一处来,道:"事情都办好了,该准备的都准备齐了,我回来开个介绍信就回去结婚。"说完,陕桂芳就进了宿舍。

和陕桂芳同宿舍的女友一个是上海人,一个是平凉人,她们告诉她,马牧西已经在这等了三天三夜了。陕桂芳一听,有点不忍心,想早点把实话告诉他,出门看看,马牧西已经走了。第二天,和马牧西住同一栋宿舍楼的一个小伙子来找她,问她事情究竟怎么样了,陕桂芳说了实话,那小伙子说:"你昨天没说实话,差点把小马的命要哈,昨晚回去,他连宿舍的楼都上不去了,是我把他扶上去的。"

经过几年时间的苦恋,马牧西和陕桂芳终于走进了婚姻的殿堂。说是殿堂,可那是一个什么样的堂啊!结婚时,马牧西几乎什么都没有,按说马牧西家里的条件还是不错的,父亲常年行医,家里多少有一点积蓄,可是马牧西从小是过继给大伯的,父亲不好插手他的婚事,害怕大伯多心。可是大伯和伯母根本就没把他的婚事当回事,临到结婚了,什么准备都没有,一切都是陕桂芳一手操办。桂芳家里条件有限，也只能靠自己那点工资，结婚前，她在宿舍楼下捡到一对别人扔掉的旧沙发架子，觉得还能用，就把它捡回宿舍，刷上油漆，修了修，准备结婚时用，宿舍里地方太小放不下，她就用绳子把一对沙发架子吊了起来。参加工作后，马牧西每月发了工资都如数交给伯母，结婚前那几个月，他没有交，买了一点结婚用的东西，由于几个月没有交工资，伯母找到宿舍来，问他为什么不交，马牧西说欠了别人一些账，工资用来还账了。伯母看见宿舍里摆着一对新买的折叠椅，立刻哭闹了起来，说，有钱买这么好的东西怎么还说没钱？无奈，马牧西只好向工友借了120元钱交给伯母，这才把事情平息了。

两个人结婚，马牧西不能给陕桂芳带来任何东西，他唯一能给她的就是一颗真爱她的心。而对陕桂芳来说，有这一颗心就足够了，别的她什么也不要。实际上，婚前这几年，马牧西也一直在受到陕桂芳的照顾。刚参加工作时，马牧西住在伯父家里，陕桂芳去看他，发现马牧西住的房子没有暖气，床上摆着一件生羊皮袄，是晚上用来压被子的。她看了觉得十分心酸，劝马牧西搬到单身宿舍楼去住，马牧西征得伯父同意，搬进了单身楼。楼里没有空床位，只有一个老师傅住的半间房还勉强能放下一张床。安下床后，中间只剩了不到三十厘米的空隙。从家里出来时，马牧西怕伯父伯母伤心，什么也没带，只带了一条褥子、一件海军衫和一条衬裤，马牧西的一应生活用品，全部是陕桂芳给他置办的。马牧西是条真正的汉子，他一句感谢的话也没说，也不提还钱的事，他把这一切都默默地记在了心里，决心用自己的一生去报答她。陕桂芳心里也明白，马牧西是个只会做不会说（说巧嘴）的人，她为他所做的一切都是心甘情愿的。

第五章 贤妻陕桂芳

马牧西与陕桂芳结婚照

陕桂芳

结婚时,单位把省委印刷厂工地上一间临时做办公室用的房子借给了他们。和陕桂芳同宿舍的上海姑娘和平凉姑娘帮着刷了刷房子,就算做是新房。除了那一对沙发架子和折叠椅,几乎什么家具都没有,床上铺的盖的以及新人穿的都是陕桂芳的父母从临夏托人带来的,就是这样一个简单的婚礼,简单的家,给了这对年轻人以无限的温暖。

马牧西的伯父伯母虽然那样对待他们,陕桂芳却一点也没有计较,伯母晚年得了脑中风,瘫痪在床,一直是陕桂芳一把屎一把尿地在床前伺候。开始是马牧西、陕桂芳和马牧西的小妹妹马丽丽三个人一起伺候老人家,马牧西负责伺候汤药和诊治,陕桂芳和马丽丽负责生活起居。马丽丽那时还是个姑娘，白天要上班，晚上还要来伺候老人，有段时间实在累得受不了了，对嫂子说："我实在是坚持不下去了，你们找个保姆吧。"

小姑子一走，陕桂芳顿时抓了瞎，她也要上班，白天伯母一个人在家没人照管不行，她只好雇了个保姆，可是保姆也嫌这个活太脏，干了没几天就不干了。没办法，陕桂芳只好又把小姑子请回来，希望她再帮她一把。她用伊斯兰教的精神鼓励马丽丽，希望她好人做到底，帮人帮到底，马丽丽答应了下来，就这样，姑嫂二人一直把老人伺候到临终。

婚后的生活十分拮据。结婚以后，马牧西依然要每月按时将全部工资交给伯母，伯母给他一些生活费，给多给少由她看着办，马牧西从未说过半个不字。直到他们的女儿长到三岁多，伯母才发话，工资不用再全部上缴了，但是马牧西每月还是要给伯母交一部分。马牧西过继给伯父，只是父亲当年的一个承诺，因为落不上兰州户口，马牧西一直是在临夏跟着父母亲长大的，并没有在伯父家生活过，伯父伯母对他也没有尽过养育之责，但是马牧西夫妻一直谨守着这个承诺，把伯父伯母当亲生父母看待。

一家人的生活，主要靠陕桂芳一个人的工资，每到发工资的前几天，就花得一分不剩了。结婚以后，不能再随便到大食堂去拿东西了。陕桂芳不得不精打细算，去菜市场买菜，专挑下午快散摊的时候去，拣那些蔫了的、别人挑剩下的便宜菜买，有时甚至捡些别人择下来的菜帮子菜叶子回来吃。

后来，马牧西给人看病，渐渐有了一点小名气，白天上班，下了班还要给人看病，晚上经常回来得很晚，一到家就累得瘫倒在床上不想动了。那会儿孩子还小，夜里经常哭闹，为了不影响

第五章 贤妻陕桂芳

马牧西休息，陕桂芳在外屋的小半间房里又搭了一张床，一个人带着孩子在外屋睡。冬天房间里没有暖气，屋中间有个小火炉，依然挡不住四面八方钻进来的寒风，三个人挤着睡还暖和一点，一分开就更冷了。陕桂芳经常彻夜不眠，望着窗外树上的雪挂守到天亮。后来实在熬不下去了，陕桂芳抱着孩子找到领导办公室，要求给他们分一间楼房，领导见他们实在困难，才在单身宿舍楼给他们安排了一间房。

那段生活十分艰苦，但艰苦中也透着甜蜜。婚后不久，马牧西开始崭露头角，他不仅在工地上给人看病，下班后还经常有人找到家里来。有时屋里挤不下，就站在楼道里等。陕桂芳抱着孩子给来看病的患者一一倒好茶，陪着他们说话，直到把病人一个个送走。小两口和邻居们相处得十分融洽，每天这么多人在楼里来来往往，已经严重干扰到邻居们的生活，但是没有一个人说三道四。

幸福的一家三口

马牧西看病不收钱，那些来看病的人觉得过意不去，大多数人来的时候都要带点东西，小米、白糖、水果、罐头等等，这些东西在那个年代都是稀缺物品，也是孩子必需的营养品，这给他们的生活带来很大的改变。很多生活用品不用再花钱去买了，经济上顿时宽裕许多。更重要的是，马牧西成了省建六公司人人尊重的人物，成了年轻人崇拜的偶像，连公司领导都对他刮目相看。马牧西的初步成功，给了陕桂芳极大的安慰和情感上的补偿，她为他、为这个家庭所做的一切努力和付出都没有白费，她嫁给他嫁对了！

为让马牧西能全力以赴地投入他的医学事业，陕桂芳把家里家外所有的大小事务都包揽了下来，连马牧西的袜子都是她给洗。过去出门，都是马牧西骑车带着她，现在，她怕马牧西心事太多，骑车不安全，自己骑车带他，一家三口出门，常常是陕桂芳骑车，马牧西抱着孩子坐在后面。后来，马牧西调到了名老中医门诊部，门诊部给他分了一套房子，马牧西那会儿已经忙得家里的什么事都不顾不上了，陕桂芳只好一个人收拾房子，一个人用自行车一点一点地搬家。直到搬完为止。他们先后七次搬家，除了第一次从省委印刷厂搬到单身楼是马牧西亲自参与的，后来的六次都是陕桂芳一个人操持。

马牧西全力以赴地投入到了他的事业，生活自理能力却越来越差了，什么都不会干，也不上心，无论是在门诊部还是在家里，生活上都要靠别人照顾，没有人给他倒水他就不知道喝。在家里，除了脸是亲自洗，饭是亲自吃，别的什么都不会做。陕桂芳经常是把茶泡好之后，把暖壶放在他脚边，告诉他喝完自己添水，可是如果没有人去添，他就真的不知道喝。陕桂芳不得不一次次地

第五章　贤妻陕桂芳

过去给他添水。

在名老中医门诊部那段时间，马牧西忙得中午吃不上饭，每天中午就是一碗牛肉面。陕桂芳不忍心，经常包点饺子、馄饨给他送过去改善改善，马牧西则常常端着饺子在同事们面前显摆：你看，我老婆包的饺子好不好？尝一尝！大家你一口我一口尝完，剩下也就没几个了，这下搞得他反而吃不饱了。门诊部的马志谋主任是个有心人，他告诉陕桂芳，以后吃饭的事你不用操心了，他的中午饭我负责。

马志谋是一位善解人意的领导，他平时不大言语，但事事心中都有数。门诊部几十名员工，每天几百位患者前来看病，各种矛盾冲突不断，马志谋都能不动声色地将其化解。门诊部先后换过几位主任，马志谋是任职时间最长的，也是与马牧西合作最愉快的一位，以致后来两个人成了终生的挚友。马主任做得一手好面食，每天把在家和好的面带到门诊部来，中午就给马牧西下面吃。在马志谋任主任的那几年，马牧西的午饭全靠他照顾。顺便提一句，马主任退休后还自己开了个牛肉面馆。

随着马牧西事业上的成功，各种荣誉也随之而来。门诊部的墙上，到处挂满了患者们送来的锦旗，诊室里已经挂了三四层，实在挂不下，陕桂芳就将它们拿回家里叠好保存起来，有一次被马牧西发现了，问她："你保存这些东西做什么？"

陕桂芳道："那都是你辛辛苦苦挣来的呀！"

马牧西道："不要把这些东西看得太重。那只是人家感谢你的一种心情，上面都是些过誉之词，并不代表自己的真实水平。我被人抬这么高，真怕哪一天摔下来会摔得很惨。"

"那把这些东西放到哪里去？"

"你不是布票不够用吗?拿去给孩子做衣服吧。"

"人家对你的一片心意,你居然随便拿剪子都给剪掉了。送锦旗的人知道了会怎么想?"

马牧西道:"人家送了,接过来,是对人家的尊重和礼貌,接过来之后就别把它太当回事了,那就是一块布。你只有把它当成一块布,做人心里才能踏实。"

从此,陕桂芳对荣誉有了新的认识,她真的剪了几面锦旗给孩子做了衣服。还做了不少香包、辣椒等布艺工艺品。

陕桂芳制作的十字绣:富贵满堂

伴随荣誉而来的还有各种对马牧西的攻击、诋毁和排挤、打击,那些攻击马牧西的言论和谣言不断传到陕桂芳耳朵里来,她听到了也不敢对马牧西讲。马牧西的工作实在是太辛苦了,她不想再给他增加负担。马牧西和她想的一样,在外面听到什么从来不和陕桂芳讲,不希望给她带来任何压力,两个人心照不宣地默默承受着来自外界的压力。马牧西虽然不讲,但是每天在那样的环境下工作,压力依然是很大的,有时回到家里动不动就对陕桂芳发脾气。陕桂芳从来没有和他当面锣对面鼓地吵过,她知道丈

第五章 贤妻陕桂芳

夫心里有压力,如果对自己发脾气,能够减轻他的压力,她宁愿就这样忍受着。有时马牧西发完脾气也会后悔,知道是自己的错,但是碍于面子,嘴上从来没有道过歉,后悔了就泡上一杯茶端到妻子面前,就算是他的道歉了。每逢这时,陕桂芳心里的委屈也就化解了。

几十年来,陕桂芳风里来雨里去,上炕是裁缝,下炕是厨师,还是马牧西的私人助理兼护士,白天要上班,晚上要操持一家人的衣食,真是够难为她的。陕桂芳很能干,这么多事情放在别人身上早就累垮了,可是陕桂芳身体一直很好,性格也比较达观,无论什么时候见到她,脸上总是带着祥和、平静的微笑,一点看不出她还承担着这样一副生活重担。

陕桂芳制作的布艺辣椒

马牧西忙成这样,连教育孩子也顾不上,几个子女都是陕桂芳一手带大的。如今长子马若凡已经从部队转业,成了家,有了孩子。他在部队时就当过卫生员,复员后又跟着父亲抄方,开始着手学中医,我曾试着让他给我号过脉,他的脉功已经相当不错了;小儿子马若平初中刚毕业,正准备考高中,我问他将来大了准备干什么,两个孩子的志向几乎一样,也准备跟父亲学医。

牧、芳、凡、平全家福

陕桂芳平时闲下来也上上网,她给自己起的网名是"牧芳凡平",从一家四口人每个人的名字里取了一个字。

第六章

大医精诚

《大医精诚》是中医学典籍中的一篇重要文献,唐代孙思邈所著,为习医者所必读。《大医精诚》论述了有关医德的两个问题:第一是精,要求医者要有精湛的医术,认为医道是"至精至微之事",习医之人必须"博极医源,精勤不倦"。第二是诚,要求医者要有高尚的品德修养,以"见彼苦恼,若己有之"的感同身受之心,策发"大慈恻隐之心",进而发愿立誓"普救含灵之苦",且不得"自逞俊快,邀射名誉"、"恃己所长,经略财物"。孙思邈在文章中说:凡大医治病,必当安神定志,无欲无求,先发大慈恻隐之心,誓愿普救含灵之苦。若有疾厄来求救者,不得问其贵贱贫富、长幼妍媸怨亲善友、华夷愚智,普同一等,皆如至亲之想;亦不得瞻前顾后,自虑吉凶,护惜身命。见彼苦恼,若己有之,深心凄怆,勿避险巇、昼夜、寒暑、饥渴、疲劳,一心赴救,无作功夫形迹之心,如此可为苍生大医。

孙思邈的《大医精诚》被誉为"东方的希波克拉底誓言",它明确地说明了作为一名优秀的医生,不光要有精湛的医疗技术,还要有良好的医德。这篇文章广为流传，影响深远。直到现在，不少中医院校仍用它作为医学誓言，并用它作为准则来严格要求学生。每个医生都应秉承"大医精诚之心"，全心全意地为患者服务。

马牧西成名以后，从全国各地到兰州找他来看病的患者越来越多。开始是临夏地区的回民较多，通过回民兄弟的传播，新疆、青海、宁夏等地的回民朋友也纷纷到兰州来找他看病。

20世纪80年代，新疆塔城市二工镇二工村的回民马天才的母亲患萎缩性胃炎，胃下垂，全身风湿，疼得一动不能动，人躺在床上缩成一团，在新疆各大医院看过，也到北京住过院，没有任何好转。马天才在临夏有个姨，曾患糖尿病、心脏病、胰腺囊肿，还出过一次车祸，几次住院，医院都下了病危通知书，几次都是吃了马大夫的药又好了。马天才听说后，带着母亲到兰州来找马牧西，吃了马大夫的药，风湿和胃炎全好了。如今三十多年过去了，母亲依然十分康健。马天才父亲的风湿症也是吃了马牧西的药治好的。二工村的乡亲们听说马牧西医术高明，纷纷到兰州来找他看病。仅二工村一带，经马大夫治好的患者就有几十口人。

村民马建英患强直性脊柱炎，几年下不了床，人已经动不了了。强直性脊柱炎无论对于中医还是西医来说，都属于疑难病，很难彻底治愈。马建英吃了马大夫几十副药后就能下地喂牛了，如今马建英依然健在，依然能下地劳动。

马天才的三姐夫患胃病，吃什么吐什么，连黄胆汁都吐出来了，他对自己的病已经绝望，开始向亲人交代后事了，可是吃了马大夫的药以后却奇迹般地好了。

马天才的弟弟马天文妻子患习惯性流产，第一个孩子没有要，

第六章 大医精诚

以后每次怀孕，时间不长就流产，流过四五次，看过多家医院，还到北京的大医院看过，都没有办法治愈。找到马大夫后，夫妻俩一起吃汤药，妻子吃了几十副，马天文吃了十五副，胎儿保住了，现在他们已经有了两个孩子。很多不孕症患者问马大夫，不生孩子到底是谁的问题？是男方还是女方？马大夫说，这要因人而异，有的是男方原因，有的是女方原因，有时让男方吃药并不一定是男方有问题，而是因为现在各种污染多，精子成活率低，两人一起吃药更保险一些。

马天才的妹妹也患有不孕症，也是吃了马大夫的药才有了孩子的。

通过这样一些病例，马牧西的名字很快在塔城地区传开了，之后又传到了昌吉和乌鲁木齐。随着他看好的病例越来越多，从新疆到兰州来找他看病的人也越来越多，不光是回民，很多汉族同胞也知道了他的名字，有的因路途遥远或行动不便来不了，便用电话联系，通过电话叙述病情，只要有把握的，马大夫就通过手机用短信开方子，实在需要号脉或当面问诊的，再动员他们到兰州来看病。

马天才是位民营企业家。生意从新疆一直做到了北京。有一次，马天才请马大夫到乌鲁木齐出诊，住在富丽华宾馆。他请马大夫来是给自己的几位亲友看病，不知怎么走漏了消息，宾馆走廊里一下子来了几十个人。来的人中，很多人连马天才都不认识，马天才问马大夫怎么办，马大夫说，既然来了就要看，不管认识不认识。谁知宾馆里来人越来越多，到下午两三点，已经看完了几十个病人，走廊里还有几十位。马天才说服众人让马大夫去吃午饭，吃完饭回来接着看，一直看到深夜还没看完。马大夫是周五夜里到的，周一还要赶回兰州中西医结合医院坐诊，星期天必须走，已经定好了周日中午的机票，但是在上飞机之前，他坚持把周六在宾馆等待的患者看完才走，总共看了一百多人，而且没收一分钱挂号费。第二天早上，又有一些新的患者慕名而来，马天才向他们解释，马大夫马上要上飞机了，患者只好无奈地离去，期待着下一次机会，或者约好到兰州来看。

就这样，马牧西的名字先是从甘肃开始，传到了青海、西藏、宁夏、陕西、山西，之后又传到了北京、上海、深圳、广州……传遍了全国各地。从全国各地到兰州来找他看病的人越来越多。很多病人由于病痛障碍或其他原因来不了，不得不请他去出诊，于是他出诊越来越频繁。

马牧西无论到哪里出诊，总是周五晚上或周六一早走，周日下午必须赶回兰州，如果周一早上七点他不能准时坐在诊室里，门诊部就要乱套了。

马牧西曾到全国几十个大城市出过诊，却很少留意各地的山水名胜。出诊就是看病，看完登上飞机就走。他到北京出诊的次数最多，有时一年几次，但是从来没有认真地游览过北京的名胜古迹，客观上也没有这个时间，因为来得次数多了，认识他的人也越来越多，一来就要看几十号甚至上百号病人，看完就该走了。到现在为止，他只是对天安门有一点印象，其余的大部分景点都没去过。

马牧西出诊从来不收费，既无挂号费也无诊疗费，除了吃住行由邀请方负责，不另收一分钱。笔者调到北京工作后，马大夫几次来京出诊我都参与了接待、陪同，因此看到了马大夫出诊的辛苦。他一面给人诊病，一面还在接来自全国各地的患者的电话。

第六章　大医精诚

他的手机号码几十年没变过，从不对任何人保密，有朋友问，他就告诉人家。这样，从早到晚找他的病人有多少就可想而知了。笔下开着方子，电话上还要给其他病人（口述）开方子调药。2012年五一节，马大夫来北京出诊，因为有三天时间，我硬拉着他游了一次园博园，连来带去四五个小时的时间，他一直在接电话，偶尔放下电话，谈的还是病人，园博园是什么样，他根本就没看。有一次，我陪他去怀柔看一位重病人，回来时天已经黑了，加上堵车，估计晚上十点左右才能到家。路上又来了电话，一位朋友又给他带来了几位病人，正在宾馆等着呢，马大夫告诉他，大概晚上十点左右才能到。电话那边的朋友也不见外，说没关系，你几点回来都行，我们就在大厅等着。马大夫住在牛街，由于堵车，我们赶回宾馆的时候，已经是晚上十一点了，几位患者还在大厅等着。

同年的国庆节，马大夫来京出诊五天，每天都有人来电问马大夫的行踪，马大夫一一告诉他们：我10月5号乘11点20的飞机回兰州，你5号下午到兰州找我就行。他从来不懂得推脱，无论谁的电话都接，什么人要求看病开方都不拒绝。五天的时间，至少约了20多个人到兰州见面，在京5天，马大夫每天从早到晚接待朋友、给人看病，每天都要熬到深夜。可以想象，回兰州以后，一下飞机，肯定又要被找他的人包围了。

陪了马大夫几次我才知道，原来一年365天，除了出国朝觐，他几乎天天都在给人看病。这样怎么受得了？我对马大夫说，像个人行踪的时间表这类事情，你以后能不能适当保点密，撒个谎？否则会累死你的。可是马大夫天生就不会撒谎，在处事上，他简单透明，完全没有一点心计。

马大夫对待病人极有耐心，行医三十多年，几乎没有与病人红过脸，来看病的人多了，什么样的人都有。有位患者常年患胃溃疡，看了多家医院看不好，就来找马牧西，吃了马大夫的药仍不见明显好转，失去了耐心，找到门诊部，当着众人羞辱马牧西说："外面传说你有多厉害多神，我看你也就这两下子么，也没什么了不起呀。"

马大夫说："是的，我就这两下子，没什么了不起，你的病我没看好十分抱歉，我再继续努力学习行不行？"

那位病人执意要羞辱他，仍站在那里不依不饶地数落他，马牧西见这人不讲道理，没法和他理论，便不再作声，低头继续给人号脉，那位病人还在那里唠叨，引得到医院来看病的人纷纷挤到诊室来看热闹，连正常的工作都没法进行了，正在排队等着看病的患者们看不下去了，上来连说带劝地把那人拉走了。

2012年马牧西到北京来出诊，有位老朋友托他给自己的儿子看看病。儿子正在北京某大学上学，从小有哮喘的毛病，老朋友想请马牧西给他根治一下。马牧西一到北京就给小伙子打了电话，请他第二天早晨到自己住的宾馆来。小伙子才十七八岁，刚刚考上大学，性格有点狭隘、偏执，他进来的时候满屋子都是来看病的人，马牧西向他点点头示意他坐下等一会儿，当时我也在场，给他倒了一杯水，还和他聊了几句，大概等了不到半小时，马大夫就给他号了脉，考虑到他在校学习吃汤药不便，马大夫说，晚上我抽空给你配点成药，你明天再来取一趟。因为是老朋友的孩子，马大夫让他留下一起吃中午饭，他也答应了，谁知到吃中午饭的时候，小伙子不见了。马大夫反反复复给他打电话，一桌人等了半天小伙子也没来。下午去游园博园，

第六章　大医精诚

马大夫一直在给他打电话，请他到宾馆来吃晚饭，顺便把药带走。小伙子撒谎说他已经到了天津，来不了了，药也不用配了，之后再打电话就不接了。后来他父亲来电话告诉马牧西说，孩子从小惯坏了，性格有些偏执，嫌马牧西急慢了他，并且说不要再理他了。可是马牧西仍然耐着性子一遍又一遍地给他打电话、发短信，并且对照顾不周表示歉意，请他务必来宾馆取药，并且说，如果来不了，就请告诉他宿舍房号，准备把药送过去。小伙子很犟，无论马牧西怎么给他做工作，就是不来。我在一边对马牧西说，不来就算了，还有你这样求病人的吗？马牧西笑笑说，哎呀，一个孩子嘛！电话一直打到晚上，打到小伙子关机为止，最终人也没来。

行医久了，看的病人多了，有时难免会出现一些意外情况。某单位的工会主席患胃病，到马大夫这里来求医，吃了几副药之后，突然浑身起风疹。这个人是单位的劳动模范，全国五一劳动奖章获得者，在单位影响很大，单位领导对此事很重视，一二三把手全来了，还带了一大帮人到门诊部来兴师问罪，一进门就问名老中医门诊部的法定代表人是谁，一副要打官司的架势。

对方一下来了这么多人，口口声声要打官司，连惯于化解矛盾的马志谋主任都有点慌了，以为真的出了什么问题。他怕影响不好，把他们请进办公室，一一泡好茶端到众人面前，让他们先不要急躁，他马上请马大夫来处理。马牧西一进门，这些人便七嘴八舌地开始指责他，并且说，一旦出了什么事，要马牧西负全责。马大夫不动声色地看了看病人的皮肤，说："这是风疹。病人得的是胃病，我开的是治胃病的药，不可能起风疹。一定是吃了什么过敏的东西吧?"

病人详述了这两天吃的东西,没有什么能引起过敏的食物,对方更加理直气壮了,一定要让马牧西给个说法,马牧西又问了问病人服药的情况后说:"我可以肯定不是吃药的问题,我开的是七副药,如果是药的问题,为什么吃前三副药没有过敏,第四副药怎么就过敏了呢?"

这一下激怒了对方,他们认为马牧西的问话是在给他们设套,为自己开脱责任找借口,又七嘴八舌地嚷了起来,口口声声嚷嚷着要去告马牧西。马牧西要解释,根本不容他开口。

马牧西好不容易逮着个说话的机会,道:"你们要告,我也不怕,随便找哪家医院哪个法医鉴定都行,我对我开的方子负全部责任。但是你们能不能先冷静一下,咱们先把原因找出来再说好不好?"

经过马牧西再三盘问,对方说出了头一天下午曾经与朋友在黄河边茶座与朋友喝茶纳凉,坐了一下午,马牧西道:"这就对了,是在河边受的风。"说完,马牧西开了几片扑尔敏,让护士拿给病人,说:"回去吃了就没事了,如果有事你再来找我。"

病人回去吃了扑尔敏就好了,觉得很不好意思,第二次来看病一个劲地给马大夫道歉,后来还经常来找马大夫看病,并且带来不少新的患者。

有些病人不大注意听医嘱,看完病抓了药就走,结果出了问题又来找马大夫的麻烦。西宁的一位患者名叫法青,吃完马大夫的药之后拉肚子,前来兴师问罪,马大夫问他,你吃完药是不是喝牛奶了?法青承认是喝了牛奶。马大夫说,开方子的时候我告诉过你,吃这个药不能喝牛奶,你没听。回去用炒面加点胡椒粉

第六章　大医精诚

冲了喝，喝上两三次就止住了。原来的药还照吃，用开水煮，加点姜片就不会拉肚子了，法青按照马大夫的嘱咐做了，果然就没事了。

　　像这样的例子发生过很多次。马大夫说，他行医半生，真正因为用药遇到风险只碰到过一次。那次是一个患类风湿的女孩，十五六岁，吃马大夫的药吃了两个七副都没有问题，第三次也是开的七副，吃到第四副时，患者有了不良反应，上吐下泻，尤其是吐得厉害，吃什么吐什么。到省人民医院去看，省人民医院不管，医生说："这是药物反应，谁开的药找谁去！"患者的哥哥背着女孩来找马牧西，急得满头是汗，马牧西说，你不要着急，病人没有生命危险，我有办法处置。马大夫让病人在医院住下边观察边治疗，用甘草汤止住了呕吐，缓了几天之后，病人恢复了元气，马大夫调整了方子，接着给她治风湿。后来她的风湿病得到了有效的控制。据马大夫说，原来的药里用了何首乌，有些人吃了是会有反应，但是前两个方子吃了都没事，第三个方子突然出现药物反应，这是很少见的。

　　除了望闻问切，马大夫还十分注意病人的心理和精神状况，这对一个医生来说，是非常重要的素质；对于患者来说，心理状态也直接影响到疾病的治疗和康复。一个人的精神状态对疾病究竟有多大影响，我们可以通过下面这个例子来看一看。那是20世纪70年代，我认识的一个朋友到医院看病，被诊断为癌症晚期，当即就住了院。在医院住了很长时间，又是化疗，又是放疗，人很快就不行了，瘦得皮包骨，最后已经是水米不进，躺在床上连床都下不了了。患者不想死在医院，临终前要求回家，医生也同意了，就在办理出院手续整理病历时，一位护士发现病例搞错了，当初住院时误把另一个人的 X 光片和检验单放进了他的病历，患者知道之后，立刻从床上跳了下来，什么病都没有了。幸好发现得及时，没有让这位患者送命。

马牧西给人看病时，总是面带微笑。他很善于和患者沟通，特别是那些小患者，只三言两语便与他熟了，他给孩子们号完脉，有的小朋友还要反过来给他号号脉。老百姓说一个人一天有三不顺，因此不可能从早到晚一直保持好心情。马牧西也是人，也有喜怒哀乐，有时脾气也是很暴躁的，但是他能克制，能保证不带到工作上来，这是一种职业素养。很多患者一见面便问，我的病能不能治？马大夫总是十分肯定地回答，能治！这不是说他能包治百病，更不是为了给自己延揽客户，而是要给病人以康复的信心。试想如果病人问过之后，你换一种方式回答，说不一定，我看看再说，我不敢保证……病人会是什么样的心情？当然，有些病是无法治愈的，但是这样的话是不能从一个医生嘴里直接说出来的。

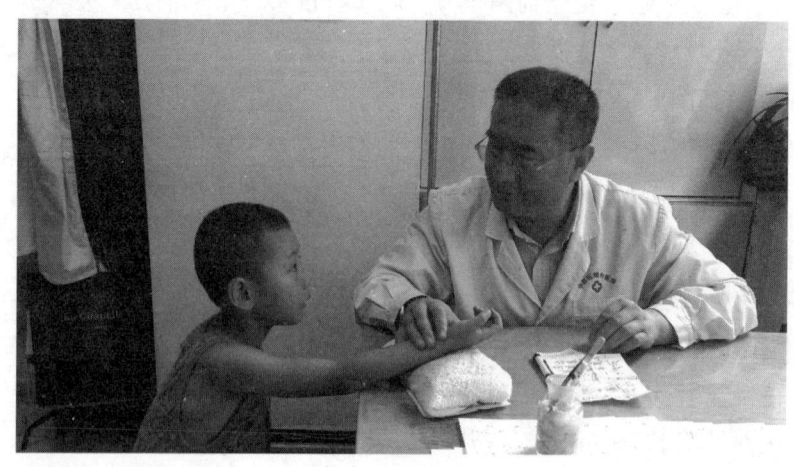

这个小朋友很淡定

第六章　大医精诚

很多患者出于感激之情会给马大夫送些茶叶、水果之类的礼品，一来二去就成了朋友，尤其是出诊，不收费患者都觉得过意不去，往往带一些礼品来作为补偿。马大夫做人十分要强，从不欠别人一分钱人情，有来必有往，而且十分好客。他经常出诊的城市认识的人比较多，一出诊想着这个惦着那个，每次都要给他的患者朋友带一大堆东西。我第一次去机场接他，预想中的他，应该是手提一个体面的文件包潇潇洒洒地从候机室走出来，没想到他推了满满一推车的东西，身上还背着两件，累得满头大汗，我说，你这不成搬运工了吗？与你的身份不符呀。他笑着说，咱一个普通百姓有啥身份！

马牧西在做人上对自己要求十分严格，每次搬家都把住过的房子打扫得干干净净。有一次搬完家去给门诊部主任苏成荣交钥匙，还带了一盒茶叶和一些水果，苏成荣很不好意思，说："你这么快就给别人腾了房子，门诊部和后面住房的人应该感谢你才是，怎么倒过来了？"

马牧西对子女的教育也是非常严格的，他的大儿子马若凡回忆说，我小时候很调皮，不好好学习，成绩也不是很好，但是父亲从来没有因为我成绩不好打过我，每次受到责罚和打骂都是因为事情做得不对，也就是说，只有在做人的原则上出了问题，才会遭到父亲的责罚。

马牧西不仅用自己精湛的医术治病救人，还亲自参加义务献血活动，他曾三次献血，总共献了700毫升。第三次献血时他已经五十多岁了。

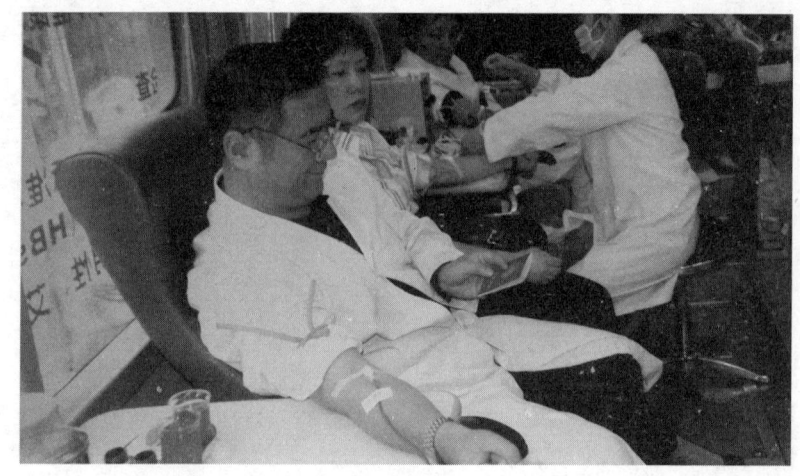

参加义务献血

随着马牧西的名气一天比一天大,很多中医学院的学生前来帮他抄方,其中大部分学生是想拜他为师。由于在行医过程中一直有争议,不愿意惹麻烦,所以他一直不肯收学生。给马大夫抄方是件十分辛苦的事,他一天看那么多病人,一刻不停,一般人写方子写不了两个小时手腕子就发酸了。很多学生受不了这个苦,坐不了几天就找个借口溜了。马牧西在1996年就评上了高级职称,可以名正言顺地带学生了,但是他一直坚持不带。有人说马牧西的医术是家传,只传子不传人,其实别人哪里知道他的苦衷。他从那种备受争议的环境中刚刚走出来,仍然心有余悸,再去带学生不知又要招来什么样的议论,另外,他总觉得自己不是科班出身,医术水平有限,害怕误人子弟。后来,卫生局领导和中医界的一些老前辈一再动员他,希望他把自己平生所学贡献出来,传给下一代,不要让这笔宝贵财富流失。直到近些年,马牧西才想通了,开始带学生。他先后带过十二个学生,儿子马若凡是最

第六章 大医精诚

后一个。马若凡是当了十五年兵之后才来跟他学中医的。马大夫本来也没想让儿子学中医,一直认为马若凡不是这块料,实际上马若凡天资相当好,因为马牧西对儿子要求非常严,有时甚至到了苛刻的地步,马若凡在父亲面前一直有点发怵,自己的性格也很倔强,觉得跟父亲学医整天朝夕相处太受约束,所以也一直不想学。不料一学起来却是突飞猛进,进步非常之快,我曾经让他给我号过脉,基本上能说个八九不离十。马牧西私下也承认自己过去对儿子有偏见,发现他这方面的天赋有点晚,但是表面上对马若凡却一句表扬的话也没有,除了批评就是教训。如果不是母亲告诉他,你父亲内心里是十分欣赏你的,马若凡还真的以为父亲会永远瞧不上他呢。

甘肃省卫生局对中医行医资格的认定不光是凭学历,拜名中医学徒三年期满同样可以参加医师资格考试,但是对拜师学徒的

马若凡

管理十分严格。三年中，每周要上交跟师笔记，出师时由专家进行实际操作考核，考核的内容包括辨认穴位、触诊、针灸等，然后还要进行两门综合知识的笔试，考核通过后由城关区卫生局颁发出师证，有了出师证才能参加医师资格考试。

到马大夫这里来拜师的，往往是由于经济、健康等原因失去了上学机会，或者中途辍学的学生。例如学生程森，小时候患小儿麻痹及脑膜炎，语言和肢体动作都有一定障碍，他没有上过大学，出于谋生的考虑，开始自学中医学。初见程森，你会觉得一个连说话都有些口齿不清的残疾人，能有多大出息！但是稍一接触你就会发现，程森的天资非常好，他在拜师之前，在中医理论上已经打下了比较坚实的基础，跟了马大夫三年之后，在临床实践上获得了突飞猛进的发展，出师不久就通过了助理医师资格考试和执业医师考试，受聘到西固区人民医院中医科，如今已经小有名气了。

学生雷亮原来是药学专业的本科生，但是对中医很有悟性，很想做一名医生。按照卫生局的规定，学医的可以转行搞药物工作，学药的不能直接行医，所以才来马大夫这里拜师。

学生王兴财原是甘肃省中医学院2003届中西医结合医疗专业专科毕业生，他热爱医学，参加了甘肃省举办的专升本考试，成绩名列全校第十四名，只因经济原因，未能继续本科学业。经过几年的打工生涯后，深刻体会到治病救人的重要，于是下定决心做一名合格的医者，经朋友介绍，有幸成为马大夫的学生。"功夫不负有心人"，三年后，王兴财通过了出师考试，并通过了中西医结合执业医师考试。一分耕耘一分收获，相信王兴财在马大夫的指导下定能取得更好的成绩，将马大夫的精湛医术很好地传承发

第六章　大医精诚

马牧西和他的学生王兴财、程森、雷亮、陈涵（从左至右）

扬，为广大患者服务。

　　马大夫的学生中也有不是为资格考试而来的，辽宁中医药大学学生陈涵是从兰州考到沈阳的，每年寒暑假都来帮马大夫抄方子。她是马大夫的第十一位学生，她拜师的目的纯粹是为了学习。2016年7月，陈涵考取了天津中医药大学的研究生，我问她今后打算干什么，是学你的师兄们自己开诊所，还是去正规医院工作？陈涵说，这个还没考虑，读完硕士再说吧，如果有条件，还准备继续读博士。

　　俗话说，名师出高徒，马牧西这十二个学生，个个都很出色。有五位学生出师后开办了自己的诊所，其中有一对夫妻，两个人都是马大夫的学生。还有些受聘到了正规医院。他们受到重用，除了自己的努力，和马牧西的个人影响力也是分不开的，一说是马大夫的学生，各个医院都愿意接收。

第七章

在真主的指引下前行

我调到北京工作之后，有将近十年的时间没有再见到马牧西。十年不见，马牧西老了许多，头发也变得稀疏了，头上冒出了丝丝白发，当年王子般的风采已经逝去，脸上平添了许多岁月留下的皱纹。我在心里说，他老多了。看到马牧西这个样子，我心里很难过。他本可以保养得很好，作为一个中医，他完全可以把自己的身体调理得比常人更健康、更年轻，但是他常年忙于给别人看病，却很少注意自己的健康。由于常年久坐，他患了严重的颈椎骨质增生、腰椎骨质增生、心血管三处狭窄，西医建议他做支架，他没有做，一直用中药维持着。他自己的健康垮到这种程度，完全是累的。他每天早晨五点多就起床，吃过早饭，步行几里路到医院，七点钟准时开始给病人看病，一直要工作到中午一两点之后才能休息，中间除了上一两次厕所，没有休息的时间。午饭大约在中午两点到三点。劳累了八九个小时之后，再暴食一顿午餐，对身体的健康十分不利。我建议他每天诊脉时留出两段休息时间，站起来活动一下，他笑笑说："几十年都这样，改了不好，

第七章 在真主的指引下前行

那样患者会以为我拿架子。来看病的人心情都很急迫，就算站起来也没法休息，看着满走廊的病人，心放松不下来。"我再劝，他便说："注意了能多活几年？趁着身体还好，多做点有益的事等于是多活了。老了，干不动了，你想做事也做不成了。"

我说，"你不为自己着想，也不为患者想想？难道你就不想多活几年，多救活一些病人？"

马牧西笑笑不再答话。我知道，我的话他根本没听进去。我只能在心里默默地祝福他了。

是什么力量支持他这样做呢？是为了钱吗？马牧西每月工资只有一万元左右，此外几乎没有什么其他收入，他的挂号费只有5元钱。几年前，甘肃医药管理部门对于民营医院的挂号费出台过一个新规定，具有副主任医师以上职称的医生，可以提高到30元，但是马牧西一直压着不让提。他深知西北地区百姓们穷苦，看不起病，很多人来一趟不容易。以马牧西现在的名气和水平，挂号费就是100元也不算高。由于马牧西坚持不准挂号费提价，医院一年仅在他的挂号费上的损失就是几十万。但是马牧西不拿这个钱，院方也无话可说。许多患者朋友知道这个情况后都为他鸣不平，动员他去找院方谈判，提高工资待遇，但是马牧西磨不开这个面子。马牧西生就一副傲骨，也是个很有魄力的人，他的气质让所有的人都感到敬畏，无论是省长、市长，还是什么明星大腕，在他面前都是恭恭敬敬的，摆不起架子来，但是在个人利益上，他却永远都张不开口。他不爱钱，朋友们相聚，一说到他的收入太低，他总是说，我没那么大需求，挣那么多钱有什么用？

既然不是为了钱，不是为了眼前的利益，那么是什么支撑马牧西这样做呢？我们可以从他每天的生活中去寻找答案。马牧西每天早晨五点多就起床做礼拜，吃过早点，7点钟之前就赶到了诊室。门诊部8点钟正式开始营业，他已经看了20个左右的病人了。现在他有两名助手协助开方，处理病人很快，大约中午在一点钟，就把120个左右的病人看完了。有时病人多一些，就要忙到两三点钟。现在的工作状况比他刚成名时略微轻松了一些，但是连续八九个小时的工作量对于一个六十岁的人来说依然是很繁重的。午饭后是他的休息时间，可以喝喝茶、看看报，读一点业务书籍。但是下班之后，手机依然不停地响，不断地有患者或者患者家属打来电话问这问那，也不断地有朋友受人之托约他看病开方，所谓休息时间也得不到很好的休息。马牧西不抽烟、不喝酒、不会打牌下棋，没有任何不良嗜好，唯一要坚持的是每天晨昏两次准时到清真寺去祈祷。

马牧西是个虔诚的穆斯林，一年365天礼拜，从不间断，无论刮风下雨。有时出诊，住所附近没有清真寺，便在宾馆或宿舍中做礼拜，有时在旅途中没有到达目的地，就在野外朝着天房方向做礼拜。有车的穆斯林，几乎人人都在车上备有拜毯，以备野外礼拜之用。马牧西是穆斯林中的杰出人物，他的一举一动对周围的信众都有很大影响，因此便更加注意自己的行为，为周围的人们做出榜样。如果要问马牧西哪里来的那么大工作干劲，我认为首先是信仰给他的力量。

穆斯林每年有一个月的斋月，斋月期间不能行房事，日出之后日落之前不得食饮。冬季日短，还好熬一些，夏季日出到日落的时间长达十五个小时，一点不吃不喝对身体的损害很大，有些人甚至挺不过去。教规中关于斋月的规定是可以通融的，老人、孩子、病人，可以不遵守如上规定，像马牧西从事的这种工作，

第七章 在真主的指引下前行

在出诊的途中做礼拜

从早到晚要与人说话,嗓子干得冒烟,嘴唇上裂开了口子,不喝一点水很难坚持一天的工作。但是马牧西从来没有违反过斋月的规定,无论怎样难受,都要熬到天黑以后才进水。

马牧西成名后,曾有不少朋友介绍他到北京、深圳等大城市发展,马牧西都婉言谢绝了。一位深圳的朋友,注册了一家民营医院,已经办好了营业执照,请他去坐堂,他坚辞不肯。马牧西的老家临夏是回民聚居地,兰州虽然不是故乡,但是在小西湖一带仍有一个回民聚居区。西关十字有大清真寺,他家附近也有一个清真寺,早晚礼拜都很方便。离开这里,他找不到和周围人的共同信仰,找不到自己的精神支柱。

二十多年前,我初识马牧西的时候,曾建议他到北京去深造。马牧西反应敏捷、博闻强记,以他的天资,三两年拿下硕士、博士学位是不成问题的。马牧西没有听从我的建议。除了家庭生活上有一定困难脱不开，还有就是宗教的原因；另外一个原因，就是他与这块土地、与这里的人民已经结下了不解之缘，他离不开这块生他养他的土地，离不开时刻需要他的广大患者。是对穆斯林兄弟姐妹、对下层劳动人民的发自内心的爱支撑他走过了这三十多年的人生道路。

为了进一步加深对马牧西的了解，2016年7月，在马大夫陪同下，我来到了他的故乡临夏市。临夏地区的管界与兰州相邻，两市之间的距离只有一百多公里。临夏号称小麦加，在穆斯林宗教文化方面发展很快，在国内的影响力已经超过宁夏回族自治区。一进入临夏境内，就可以看到到处都是大大小小的清真寺，有的一个村就有两座，大一点的村镇甚至有七八座。有的涂成各种各样的颜色，有的镀（包）了金，看上去金碧辉煌，一座比一座奢华。从这些清真寺的奢华程度可以看出宗教在穆斯林心中的神圣地位。我问马大夫，为什么要建这么多清真寺，马大夫说，那是因为教派不同，即使是同一个教派有时也会有许多分支，只有对古兰经有着共同理解的人才能在一个寺院里过宗教生活。

马牧西的家住在八坊区红园新村，还是父亲当年留下的小院，院子不大，里面种了不少树和各种叫不上名字的花草，周围墙上爬满了青藤。马牧西的弟弟牧南是我们此行的全程导游。他是临夏州伊斯兰教协会的副会长兼秘书长，还是毕家场拱北管委会的主任。和哥哥一样，牧南长得也是一表人才，看上去像位能征善战的大将军，实际上他的性格特别温和，话不多，显得很憨厚。他精通阿拉伯语，对伊斯兰教有着很深的研究。他不仅在宗教研究和宗教活动领域卓有建树，在中医学方面也有很深的造诣。当

第七章 在真主的指引下前行

初马牧西学的是中医内科，牧南则专攻外科，中医接骨是他的拿手好戏。城市里医疗网点健全，遇到外科伤病，人们往往是看西医的多，看中医的很少，但是平均每天仍有十几位患者慕名来找他。他的诊所就在路对面，有时患者也会到家里来找他，由于我们的到来，那天他把诊室关了。

马牧西家里共有兄弟姐妹六个，一个姐姐，三个妹妹，一个弟弟。兄弟姐妹六人都很优秀，在各自的工作岗位上都干得都很出色。听说我们到来，马牧西的姐姐姐夫和弟弟妹妹全都赶回家来，忙里忙外地招待我们。马大夫的老母亲还健在，已经八十多岁了，精神依然十分矍铄，我们谈话她在一边静静地听，一句话也不插，只是在吃饭的时候不停地让菜。老人家的西域少数民族血统十分明显，看上去有点像俄罗斯人。如果说见到她给我留下了深刻印象那还远远不够，我不知道该怎样形容她的美，只能说，

马牧西、马牧南兄弟

汤瓶

她是我今生见过的最漂亮的老太太。

在马牧西家，我平生第一次品尝到那么多清真美味，第一次感受到穆斯林待客那如火的热情，尤其是第一次就近接触穆斯林的宗教生活，让我感到震撼，虽然我不信教，仍然感到灵魂受到了一次洗礼。

吃过午饭，一家人开始洗沐。院子里有几个专门用来洗沐的汤瓶，传说那是唐太宗李世民赐给阿拉伯使者的。据说当年各国使者来朝的时候，有一天夜里，李世民做了一个梦，梦见朝堂的柱子哗啦啦地向下倒，眼看大厦就要倾覆，众大臣连忙上前去扶，仍然扶不住，最后是各国使团的使者一起帮着来扶，才把柱子扶住没倒。李世民认为这是上天给他的启示，便动员使者们留下来，帮助他共同治理天下。留下的阿拉伯使团的使者们都是单身汉，李世民便将汉族姑娘许配给他们成婚，并赐给了他们做礼拜时洗沐用的汤瓶，因此汤瓶也叫唐瓶。

沐浴分洗大净和洗小净。洗大净和洗澡差不多，全身都要洗；洗小净是要洗手、洗脸、洗脖子、洗脚，以示对真主的敬慕。在有条件的情况下要洗大净，时间紧工作忙也必须要洗小净。清真寺入门处一般都有沐浴房，是给那些来不及在家沐浴的人预备的。在实在没有条件沐浴的极端情况下，也要象征性地用手摸一摸地上的土，凭着信仰模拟洗浴的动作摸脸、搓手，称为"代净"。

第七章 在真主的指引下前行

洗小净

　　一家人刚刚洗沐完毕，从清真寺唤礼塔上传出了满拉（学生，也称邦克）们高声念诵经文的声音，那是在呼唤人们，礼拜的时间到了。有条件的穆斯林，一天要做五次礼拜，分为：晨礼，晌礼，晡礼，昏礼，宵礼。一般人忙于工作，很难做到一天五次，但是清真寺里每天五次的唤醒是必不可少的。一到时间，满拉们就开始高声诵经，召唤人们前来做礼拜。平日里每个人可以根据自己的工作时间选择参加哪个时间段的礼拜，但是在朝圣期间，只要一听到唤礼台上的诵经声，无论在干什么，都必须把手头的事情放下来，朝着天房方向跪下来祈祷。有条件的铺一块拜毯，没条件的就直接跪在地上。有一次，我和几个回族朋友在饭店里吃饭，大家聊得投机，散场有点迟了，出门时清真寺里已经传出了诵经的声音，我去了一趟洗手间，出来时大家都走光了，只留了一个人在等我。那人告诉我，昏礼的时间到了，他们必须马上赶到寺院去，失礼了。由此可见穆斯林对宗教的虔诚。

我跟随马牧西一家来到毕家场拱北。拱北是马宗生先祖的墓地，里面有座清真寺，马牧西的兄弟姐妹们日常的礼拜就在这里做，拱北正门两边的柱子上刻着一副对联：

> 斯大明始是分映万灯，
> 唯妙笔乃能装修两世。

进了正门，是一道砖雕的影壁，完全是穆斯林风格，十分精美。绕过影壁是第二道门，门楣上方的牌匾上有四个题字：湛然一真。

进了第二道门，正面是马宗生先祖的墓堂，左右两侧是马宗生先祖的后代中对伊斯兰教有较大贡献和影响的几位后辈的墓亭。马家的其他祖先也葬在毕家场，他们的墓地在毕家场的东花园，下文还要提到。

马宗生先祖的墓堂修得飞檐斗拱，既不失穆斯林建筑的风格，也吸收了很多中国古建筑的优点，富丽堂皇中透着庄重典雅。"文化大革命"中，毕家场拱北被造反派彻底捣毁。穆斯林群众冒着生命危险，在夜间将马宗生先祖的尸骨偷偷转移出毕家场，直到"文革"结束后落实了宗教政策，才又重新迁回来。

在马牧西带领下，众兄弟姐妹和子侄辈们双手掌心向上捧在胸前，口诵经文，开始祭奠先祖。掌心向上捧起，是表示自己对真主的坦诚。穆斯林中除了专职从事宗教事业的阿訇，一般人能够全文诵经的不多，但是一些经典的经文，几乎每个穆斯林都能诵。诵经有点像古代学者吟诵古诗文，是带有音韵的吟诵，听起来如歌如吟，如泣如诉，作为我这样一个陌生人都能入心，在语言不通、完全不理解经文的状况下，受到深深的感染和感动。

第七章　在真主的指引下前行　113

马牧西带领兄弟姐妹和子侄们在马宗生先祖陵前诵经祭奠

很多对伊斯兰教有贡献的穆斯林去世后都有专门的墓地，称为拱北，目前全国至少有大大小小几百个拱北。很多拱北都设"老人家"，以示对死者的纪念和尊重，但是设"老人家"的这些拱北，往往是采用世袭制，严格说来，世袭制与伊斯兰教的教义是不符的，常常遭到一些严守教规的穆斯林的批评和非议。毕家场从不设"老人家"，马宗生先生去世后，一直是采取家族式的民主管理，这一点在穆斯林中十分受人尊重。

祭奠完先祖，一家人在拱北清真寺做了礼拜，然后来到东花园。马家从事非专职宗教事业的其他列祖列宗和马牧西的父亲都葬在这里。马牧西指着脚下的墓地，直言不讳地对我说，将来我死了，也要葬在这里。

穆斯林的丧葬习俗讲究平等，无论是国王还是乞丐，死后都是三丈白布裹身入葬，乞丐不减一尺，国王不多一寸。

这种习俗体现着一种平等观，必然也影响到现世的观念和处世准则，与世界主流价值观是一致的。穆斯林的丧葬习俗讲究速葬、薄葬。死者是上午死的，一般当天就要入土，如果是下午去世来不及入葬，则必须在第二天上午入葬。入葬后起坟也是有一定尺寸规定的，大约是六尺长、三尺高，不得逾越。穆斯林的葬礼是世界上各种族、各宗教中最简朴的葬礼，没有精美的棺木，没有华贵的寿衣，没有花里胡哨的纸车、纸轿、纸人、纸马，没有旗、锣、伞、扇的仪仗，没有吹吹打打的乐队，也没有漫天抛撒的纸钱，只有三丈白布裹身。他们讲求的是内心的真诚。

上坟的仪式非常简单，既不上供，也不烧纸钱，连头也不磕。众人在列祖列宗面前席地而坐，晚辈们还给年纪大的几位拿来一些小板凳坐下，也没有严格的方向规定，随便坐，不愿意坐的也可以站着。然后众人捧起双手，由马牧南代表大家念诵经文，念到那些经典段落，众人一起跟着吟赞起来，在吟赞声中，我看到马牧西流出了眼泪。我不懂阿拉伯语，只好摘几段著名作家霍达翻译的经文和穆斯林葬礼上的悼词，从这些悼词中，读者可以更深刻地体验到穆斯林在诵经中的感受。

　　啊，安拉！宽恕我们这些人：活着的和死了的，出席的和缺席的，少年和成人，男人和女人。

　　啊，安拉！在我们当中，你让谁生存，就让他活在伊斯兰之中；你让谁死去，就让他死于信仰之中。

　　主啊！你以雪水、冰水洗涤我的罪过吧，犹如你使油污的白布复归为洁净；你让我和我的罪过远离吧，犹如你让东方和西方那样分开！

第七章　在真主的指引下前行

在这个时刻，作为肉体的人仿佛不存在了，只有一个赤诚袒露的灵魂，和宇宙间主宰万物的真主直接对话，怀着对罪恶的恐惧，对至善至美的向往，非礼勿言，非礼勿视，非礼勿听，心中思念着冥冥之中的安拉。

每一个穆斯林一生之中，如果条件许可应该前往麦加的克尔白天房朝觐一次。来自世界各地的穆斯林，成群结队，远离家乡，有的步行，有的骑乘，有的沿途经商，有的一路乞讨，奔向日夜思慕的麦加，虔诚受戒，脱去衣服，以白布遮身，环绕天房克尔白，亲吻黑石。人们如醉如痴，泪流满面，从此获得了安拉的宥赦，求得了死后进入天园的门券。这是穆斯林最崇高的愿望，真正的归宿，无上的光荣！

在经济、交通不发达的年代，朝觐的主要障碍是路途遥远，交通不便，经济实力不足。如今有条件了，几乎人人都能去得起，但是，随着中国和世界穆斯林人口的迅速增长，朝觐却更加困难了。沙特阿拉伯每年只给中国两万人的朝觐名额，报名去朝觐的人排队要排八年才能轮得上。

马牧西曾经六次到麦加朝觐，由于名额有限，其中四次都是以随队医务人员的身份去的。参加朝觐，不仅要做好自己的功课，还要照顾好朝觐团每位团员的健康，十分辛苦。

2017 年 8 月，马牧西随甘肃

马牧西先后六次去麦加朝觐

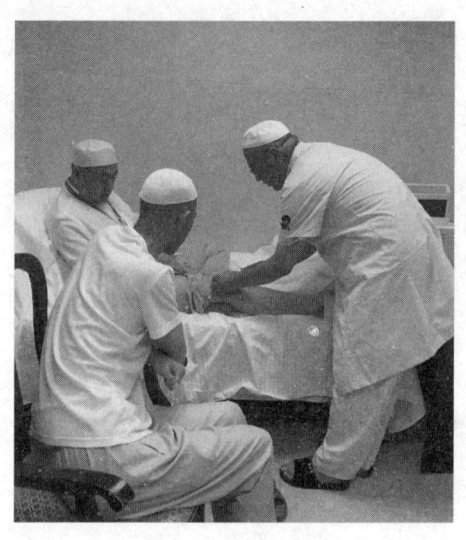

朝觐期间为患者看病

朝觐团又一次去了麦加。甘肃团此次参加朝觐的团员多达2789人,分成61个分团,而随团医疗队只有14人。时值盛夏季节,酷暑难耐,不少队员由于气候不适应、水土不服,一到麦加就病倒了。有些队员本身就有病,然而越是病人越希望能早一点来麦加朝觐,潜意识中当然包含着期望真主赐给他们健康的意愿,于是千方百计隐瞒病情,跟随朝觐团来到麦加,一到目的地便病倒了,整个医疗队忙得不可开交。由于来自世界各地的朝觐者人数众多,住得十分拥挤,大大小小的饭店都住满了人,有的人还不得不住在当地穆斯林的家里。为了防止传染病和保证住宿的基本卫生条件,医疗队一到,便穿上防护服,开始给所住宾馆、清真寺和各种人群聚居、活动的场所进行消毒,连过道和楼梯间也不放过。消毒工作还没结束,前来看病的患者便排上队了。甘肃四十分团的一位女哈吉,患有肾病综合征,下飞机后腿肿得很厉害,连路都走不了,她很担心完不成此行的功课,但吃了马大夫的几剂药腿就消了肿,顺利地完成了此次大朝的功课;回到甘肃后她又继续找马大夫治疗,目前病情已大大好转。还有一位穆斯林妇女已经年近七旬,也来麦加朝觐,在驻地不慎骨折,被送进了当地医院,马牧西不仅亲自陪护到医院,还和当地医生一起研究治疗方案。手术之后,他又把自己在家配制的虎骨损伤散送到医院,病人服后很快就能拄着拐杖下地了,没有影响到朝觐课程。

每天,朝觐课程一结束,随团医疗队住的房间里就挤满了人,有的是擦伤扭伤,有的是伤风感冒,有的来取点药,有的来扎针灸,医生们忙得不可开交。马大夫已经是六十岁的人了,有时实在扛不住这么大的工作量,在把前来看病的人们打发走、屋里还坐着一圈前来扎针灸还没拔针的病人他便坐在椅子上睡着了。

8月18日,主麻日活动散后,一位匈牙利籍的女哈吉因天气炎热心脏病突发突然晕倒在地,幸好马大夫随身带有速效救心丸,立刻给病人服了十粒,十分钟后病人便转危为安。此事在前来麦加的各国朝觐团中传为佳话……

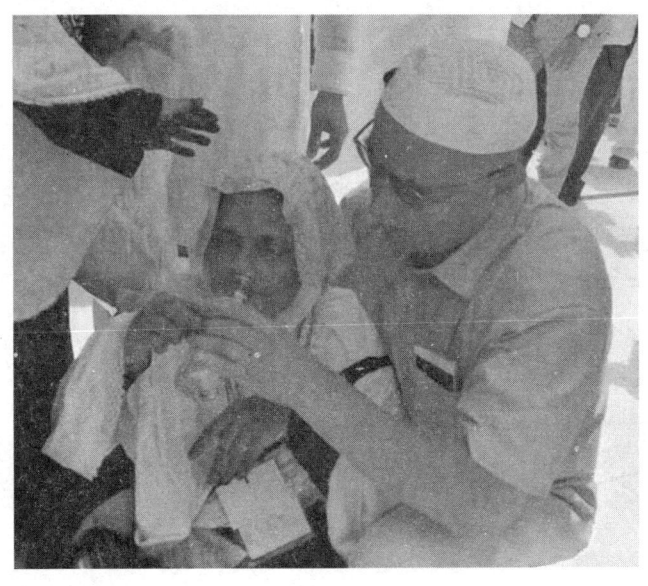

抢救匈牙利籍女哈吉

六次到麦加朝觐，这是一个穆斯林少有的殊荣，也是马牧西工作和生活的主要动力。朝觐之后的人，被称为哈吉。哈吉是一种荣誉称号，也代表着你是穆斯林中的典范。每朝觐一次，灵魂受到一次洗礼，对自己的要求也要更高一步，修行需更加严格。这对于净化社会风气有很好的作用，一个社会有了这样一批在道德上、做人上严格要求自己的人，就给大家树立了无数的榜样。比世俗社会中人为竖起来的模范作用要大得多。

在朝觐期间，当地的穆斯林听说马牧西在中国是位名医，也纷纷前来找他看病，马牧西的神奇医术很快就在当地传开了，人们为有他这样优秀的穆斯林同胞感到骄傲，有些人还把他请到家里去出诊，实际上是为了认识、结交一下这位成就卓著的穆斯林。

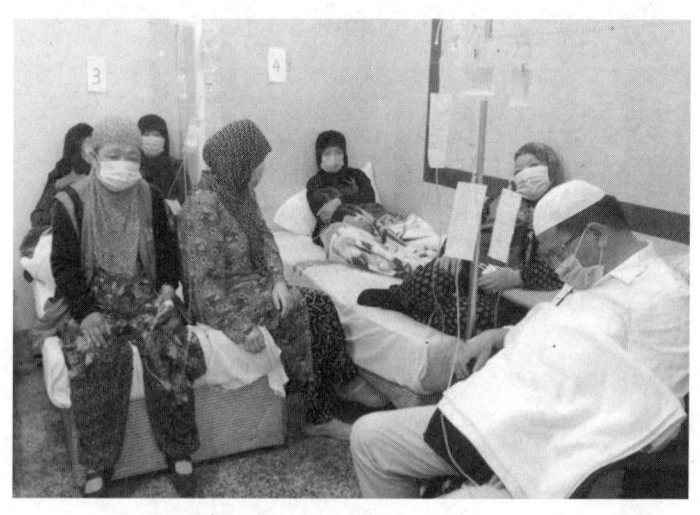

朝觐期间由于过度劳累，在诊室里睡着了

第七章　在真主的指引下前行

朝觐归来后，马牧西在工作上更加努力，对自己的要求也更加严格了。是穆斯林文化和中华传统文化共同培育了这位优秀的医生，他是穆斯林的骄傲，也是中华民族的骄傲。

"老骥伏枥，志在千里；烈士暮年，壮心不已。"马牧西先生已年届六旬，还在不断地追求着自己为之奋斗一生的中医事业，以孜孜不倦的实践和探索精神充实着祖国的医学宝库，守护着民众的健康，这种不讲索取、但求奉献的精神，既是中华民族的传统美德，也是穆斯林精神的精髓所在，愿他健康，祝他在中医学领域的探索取得更大成就，并祈求真主赐予他及家人两世吉庆平安！

医德与医术

(报告文学)

午子

一

在20世纪80年代末90年代初,青年作家张俊彪积劳成疾,严重的胃病是在部队时因卫生员大量滥用抗生素导致大出血落下的病根,又发现较长时段无法缓解的血尿蛋白尿,身体每况愈下。他在兰州几家大医院先后住院检查诊疗,不同专家得出了不同的结论:肾小球肾炎、隐匿性肾炎和局灶性肾炎等。此后打听到兰州某部队医院泌尿科主任是权威,便抱着极大企冀住院投医,希望有一个准确的病症结论并形成符合病情的诊疗方案。没想到住院第二天早上大查房,那位头发已经稀少的专家带着从陆军第二军医大学前来的七八位实习学生,为住在第一床的张俊彪诊病。军医和实习军医们穿着白大褂,围着病床站成了一圈人墙,泌尿科主任仅用几分钟做过了听诊和问诊,然后拿起只有两页的病历扫视一下，最后拿起张俊彪从另几家医院获取的病历材料，哗啦啦地翻阅过后，双手握紧听诊器，一会儿扫视着学员，一会儿瞟一眼病人，声调不高不低地开始权威判定："如果病人是较长时期的血尿蛋白尿，能够采用的医疗措施和手段都无效，按照医学教材或医学论著里的结论，可以确定为肾炎晚期。"他望着站在对面的两位年轻漂亮的女学员，语气凝重地说："这个病人还很年轻，但他的肾病已经进入晚期，如果控制得好，最长能够维持一半年；弄得不好，两三个月之后就可能进入尿毒阶段……"病房里寂静无声，其他几位病人连呼吸都噎住了，管床军医和学员们一齐凝望着年过半百的主任军医，渴望听到他的治疗方案。他叹息一声，摇了摇头说："他这病，只能是设法延缓病情恶化了。目前，肾病晚期，全世界都没有什么好办法。"张俊彪听到这里，实在忍不住了，年轻气盛的他一骨碌从病床上翻坐起来，跳下床穿上鞋，站直了身子，盯视着主任军医，声低而字重地说："世界上没有治不好的病，只是医生才有治不了的病。医学书籍是人写的，如果有一天我的病治好了，就可以修改医学书上的结论：肾病晚期有人是可以治愈的。"军医主任愣怔了，学员们也都惊呆了，病房里鸦雀无声。张俊彪一边收拾东西一边果决地说："我今天就出院。你当众宣判我最多只能活一年半载；一年后我来看你，骑着自行车来。你记住，我是第一床病人，昨天住的院，今天出的院。"

当天上午，张俊彪从兰州陆军总医院出院，索性放弃了治疗，继续投入工作。时值"文化大革命"结束后的经济复苏阶段，省上决定成立国有企业调研小组，张俊彪任组长，对几家大型企业展开为期半年的巡视调研，最后形成关于国有大型企业现状与发展的调研报告上报，供省里改变企业经营状况决策参考。恰巧当时已声名鹊起的青年中医师马牧西在一家接受巡视的企业里受聘行医，经熟人介绍，在一个初冬的寒冷清晨，张俊彪走进了马牧西的诊室。当时天还未亮，由于电量不足室内光线昏黄，有点儿模糊朦胧。诊室里早已挤满了半夜起床就前来挂号看病的男女老幼，马牧西忙着为病人一一把脉开药方，外间药房里有好几个药剂师已经忙碌着抓药了。大约过了一个小时，窗户外面有了曙色，马牧西已经看过二十来个病人了，诊室外的病人依旧络绎而来，有人就站在晨冬里寒风中的房檐下在等候诊治。他为每一个病人把脉，详细说出病情，偶尔也会讲到病因，得到病人的确认后，他便快捷地开出药方，然后一一不厌其烦地叮嘱如何煎药、每天服几次、什么时候服药、是否需要药渣外敷利用；特别对一些远道来自农村的病人，更是再三解说，直到病人完全听明白为止。令张俊彪最深刻的印记是，绝大多数医生接诊时，都是先问病人病情病因，待病人自述症状后才作判断和用药，但马牧西却大不相同，他不问病人病症，完全是靠自己诊脉讲出病症，而且十有八九极其准确，令病人心口诚服，对他产生信任感，自然服药也就心甘情愿了。马牧西的另一个特点是，开出的药方剂量超大，真可谓是药众量多，病人煎药难以买到药器，因而有人用瓷盆，有人用铜壶，还有人用小铁锅，来煎制他开出的药剂。因而有人私下里说："马牧西年轻胆大，也许是从医正在行大运，药方大，剂量大，每天诊治数十上百个病人，没见出什么事，反倒把很多人的病给治好了。"

张俊彪在企业为他准备的办公室里，一边煎制马牧西为他开的大处方中药，一边和调研小组的人员一起，或是找人谈话，或是商量调研方案，或是草拟调研报告，很快就过了三个多月。他坚持服用了七八十剂药，身体开始有了明显好转，一来二往也就和马牧西成了朋友。偶尔他也去马牧西在黄河北岸白塔山下的家里做客，听马牧西谈他的家庭历史，谈他的父亲是一代名医对他做人从医的深远影响，也谈到他在"文化大革命"中的坎坷经历，还谈到他治病救人的许多感人故事，令张俊彪每每心生敬意。他是一个豪放仗义、赤胆热心、诚挚笃信的性情中人，不论是亲戚朋友，还是病人患者，只要登门来访，一律热情接待，从不怠慢或冷落任何一个人。他在家里和张俊彪聊天，不时有病人敲门来求诊，他立即起身开门迎接，耐心诊脉开药方，然后和颜悦色一一送出门，从来也不认为有病人耽误或影响了自己的休息时间，实在令所有接触过他的人都深受感动，自愧不如。

二

两年后，也就是90年代之初，张俊彪奉调南下深圳负责主持文艺界的创建事业，旨在为深圳摘掉"文化沙漠"的帽子，马牧西与他这一告别就是二十多年未见。双方虽在心里互有惦念，偶尔也有熟人南来北往带上问候，但毕竟一个是在救死扶伤，每日太阳一露脸，便有百十位病人等待医治；一个是在一片"文化沙漠"里繁忙垦殖，时刻也有成千上万的人们渴求精神抚慰。日子久了，见面也就变成一种遥遥无期的奢望了。

时光荏苒，岁月如梭。到了21世纪初，张俊彪因身体原因申请提前退休，盛夏携妻回到兰州，希望找到马牧西，中医养疗恢复身体健康。就在回兰州的前后，妻子侯晓菲多次忧虑地说："你和马牧西二十多年不见，如今退休了，又来求人家看病，不知他还认不认你这个故友了？"张俊彪坚定地说："马牧西是穆斯林的儿子，是大西北的汉子，怎么会不认呢？"侯晓菲仍疑惑地说："岁月在变，社会在变，现在已经是商品时代，物质社会了。人当然也会变吧！"张俊彪是个一辈子认死理、认朋友的人，常常固执地说："当然，什么都会变。但依我对马牧西的了解，他是一个名医，一个典型的传统道德文化氛围中成长起来的知识分子；俗话说：江山易改，本性难移；他的性格不会改变。不信，我敢与你打赌。"回到兰州，休息了几天，选了一个星期日，张俊彪给马牧西发了一条短信："我因病提前退休，与妻回兰州度夏。如你有方便的时间，我们去拜会，一叙别情。"时隔不久，马牧西的电话就来了。他还是那样丝毫未改的个性：大西北人的豪放，大西北人的嗓门，大西北人的干爽痛快，以及大西北人的亲激热诚。当天下午，他从兰州空军医院召回从军的儿子，开着私家车，带着兰州的一大堆特产，喜气扑面地来到张俊彪家里，看望这位南北相隔数千公里而又是二十多年未见的乡党故友，也是自己在青年时期医治过的病人。

　　当时正是穆斯林的斋戒月。马牧西从凌晨到迟暮，滴水未进，粒米未食，但和张俊彪夫妇畅谈一个多小时，热情洋溢，精力充沛，毫无倦怠，令人不难悟识"有朋自远方来不亦乐乎"这句古语。马牧西着重谈了自己这二十多年来的从医经历。张俊彪大体得知，改革开放初期，兰州中西医结合医院创办几年后因经营不善，面临破产。医院的创办人通过省领导找马牧西谈话，劝他去这家医院，帮助医院走出困境，渡过难关。马牧西临危受命，出任业务副院长，每日清晨六时左右起床，简单吃点东西，步行到距家两三公里的医院，早七点开始接诊病人，不吃不喝，直到中午一两点或两三点，诊完当天挂号的病人百十人左右，然后才下班回家吃午饭。为了加速诊治，缩短病人候诊时间，他带了两个学徒，每日由他诊脉，口述药方，两个学徒轮番抄写药方。中药房有六七位药剂师，也是随他一同上下班，每日忙碌到午后四五点才可把当天病人的药剂配齐。在他诊治的病人中，来自社会各阶层各界别的都有，但绝大多数是社会底层的市民和农民，因而他的药剂均价在三十至四十元之间。他在这个医院一干就是十几年，而且十几年对待病患如同亲人，对待自己终生从事的医学事业一丝不苟，十几年勤恳辛劳如一日，从不计较个人任何得失。兰州中西医结合医院从此因他一人而盘活，他每日为这个医院创造的中草药营业额高达三至五万元，每月两百多万元，可他每月只拿一万多元的死工资。他每天接诊一百二十名左右的病人，加上节假双休日在家接诊或是应邀外地出诊，每月便是两千五百到三千人次，一年下来更是多达三万多人次，他简直就是一台看病的机器人了。病人们都说，他是一个医术精湛、医德高尚的人。

当然，这一天，他也为张俊彪夫妇诊了脉，令他们称奇的是，他连侯晓菲数年前在深圳医院摘除胆囊都通过把脉说了出来。日将沉，天将暮，他起身告辞时，约了张俊彪夫妇去医院门诊的时间："我从周一到周五，每天都上班，早上七点准时开诊。但周一、周二和周五你们不要来，病人太多，有时我得忙到下午两三点才能下班。你们周三、周四来找我，中午一点之后来，这时段病人就不多了。你们的身体包在我身上，坚持吃药，没问题。请放心！"张俊彪夫妇送他下楼，看他和一直恭候在大院里汽车旁的儿子一同乘车离去。夕阳一片辉煌灿烂，院里的玫瑰花开得一派绚丽多姿。侯晓菲禁不住说："你这一生，还真结交了几个朋友,像马牧西这样的,二十多年未见,一条手机短信,立即就来了。人来了,还带了一大堆东西,坐了这大半晌,水果不吃一个,茶水也不喝一口……一个誉满大西北的名医,上门为你这个病人看病,我还是头一回遇见。自古以来都是病人求医生,你却好,是医生主动上门看病,还是一代名医马牧西啊!"她又感叹道:"常言道,人生得一知己难。你这一生真不错,何止一个两个知己哟!"张俊彪望着将出大门的马牧西父子乘坐的汽车,不无感慨地说:"医德与医术同一。医德不行的人,何谈医术?再说马牧西是名家之后,又是一个信仰虔笃的穆斯林……"停了一下,他又说:"信仰,不仅对个人,即便是对一个民族,实质上都是很重要的。我总是认为,少数民族的人,你一旦能交上朋友,那就会是终生之交。这与其各自所坚持守望的民族传统精神文化包括宗教文化精神是血肉相关的。"

三

几天后,星期四的中午一时许,张俊彪夫妇来到马牧西所在医院的诊室,挂了号,坐在大厅里候诊。这时候,大厅里还坐着二十来个候诊的病人,而且都是马牧西的门诊号。这是坐落在兰州南关什字附近双城门黄金地段的一家民营医院,具有在当地来说比较齐全的诊疗科室和检验设施:一楼大厅设有中药房和西药房,候诊厅设有数十张连排铁座椅;二楼三楼有各类中西医专科门诊室和检验室;四楼以上开设了住院病房。张俊彪从第一次到后来的多次,观察到的现象是,很少见到有住院的病人和探视的家属,一楼候诊大厅在中午十二点前后还是人满无座,而且全是马牧西的挂号病人；中药房的七八个药剂师，从收费到配剂，人人都是忙得不亦乐乎，取药的人也是排着长队，而西药房却门可罗雀，难得见到几个零星取药之人；楼上两层诊室，前来诊病之人稀少，诊室的医生也是闲坐待时，有的索性在电脑前上网或是摆弄手机。离开医院后，张俊彪曾对妻子说："这个医院，名为中西医结合，实为中医主导，而中医也就全靠马牧西一人支撑了。"

大约在候诊厅等了一个时辰，病人只剩几个了，张俊彪夫妇才走进马牧西的诊室。他很热情地打过招呼，急忙又为一位农村来的中年妇女诊病，边把脉边说："我每天都是这么多的病人，真是忙得连口水都喝不上，常常憋着尿走不开去上厕所，怕病人等啊！"侯晓菲眼疾，很快就从挂满四面墙壁的各种各色病人感谢的匾旗中，发现了二十多年前张俊彪送的一个玻璃匾，勾起了对往事的回忆……那是张俊彪离开兰州的前几天，一直想送马牧西一个什么东西以表达谢意，苦于想不出送什么才合适。有一天晚上，甘肃师范大学团委书记夫妇来做客，他谈起马牧西为自己治病，身体有了明显起色，如今要远离兰州，南下深圳，不知何年何月才能遇面，想送个纪念物品，又想不出送什么好来。团委书记建议送块匾，而且自告奋勇与妻子一起来制作，只是要让张俊彪想句词。张俊彪想了一阵，突然想起数日前的一个夜梦来，梦境里是一片旷野，一阵疾风吹过，沙尘纷纷扬起，黄土地面露出了两行斗大的巨字："深山藏隐士，大地留仙踪"……大家都说将这句话题在匾上挺好。两三日之后，团委书记夫妇亲自用剪纸艺术制作了面前这块历经二十多年已见斑驳的玻璃匾。马牧西笑着说："送匾的，送锦旗的，实在太多，没地方挂，也没地方摆，这里几十幅都是挑选的，有点代表性，或是有一个故事在里头。俊彪大哥送的这块，我可是走哪里就摆放在那里，没离开过啊！"足见他为人之重情重义。

大约是在中午一点半，马牧西才为张俊彪夫妇诊了脉，开了药方，交到药房去配剂。他说二十多年不见了，一起去穆斯林清真餐馆吃饭，等饭后再回到医院，估计药就抓好了。张俊彪夫妇内心正有此意，一来可以多聊一会儿；二来可以请他吃顿饭略表感激之情。他脱下白大褂，挂在墙上一幅书法作品旁，原来那是国家旅游局局长接他赴京诊治后，亲笔为他题写的条幅。他笑了笑，平静地说："你在深圳，深圳原来的旅游局局长也找我看过病，是国家旅游局局长介绍来的。深圳民航、深圳几家国企，有好几位总经理也找我看过病。其实这些年，我去过几次深圳出诊，每次只住一半天，都是病人介绍病人，都在忙着看病，还没逛过深圳，也就没有跟你说过。不给你打电话，一来是怕打扰你，你知道了又得招呼；二来是的确没时间，就呆一半天，都是在看病。因为我只能是周五晚上去，周日必须回兰州，每周一还有一百多个病人等着我看病哩！"走在街上，他轻松地说："这么些年来，我都是这么过来的，周一至周五上班看病，周六周日也就出诊了，即便不出诊，也都是病人找到家里来。几十年都是这么看病，习惯了。"说到出诊的花费问题，他坦率地说："都是病人帮我订好机票，接待我，我从来都是免费出诊，分文不收。北京、上海、广州、西安、乌鲁木齐、西宁、重庆、哈尔滨……多啦！都是节假日出诊，有些城市去过很多回，可就是没有怎么逛过这些地方。"

在一家较大的清真餐馆坐下来，他点齐了当地的牛羊肉名菜佳肴，热气蒸腾，暖流漫溢，话稠语多，气氛热烈。饭桌上，马牧西讲了很多很多,他对人生的悟识,对行医济世的理解,对社会与生活的体感,对道德与价值的看法……他反复讲过的重复话语是:"我父亲是名医,他一生不知救治了多少病人,一生却无任何贪欲。前几年去世时,总共只存了十五万元。他临终前对我母亲说:'几个孩子都很好,很孝顺,我也很放心。我一生什么都没攒下来,金银、字画,什么都没留下,只有十五万元:五万元给我办后事,十万元给你留下养老……'这就是我的父亲。"他很动感情地说:"父亲为我们兄弟姐妹和亲人留下了终生享用不尽的精神财富:宽厚待人,实在做事,不图虚名,不贪浮利,忠诚做人,正直从医……父亲对我做人从医影响很大,所以我也没什么念想,没什么贪欲,就是一门心思想给病人看好病。一切都是身外之物,一切都是过眼云烟。人到了一定的年龄,都要提早做好去的心理准备,我早就在做这种心理准备了。全世界只有穆斯林是真正平等的,国王与平民,死后的葬礼都一视同仁,国王是三丈白布,平民也是三丈白布,谁也不能多,谁也不能少,贫富贵贱一样都是三丈白布裹了下葬。你生前要那么多东西干什么?死后一件都带不走,也不允许你带走。我是医生,为病人治好病就是本分,别的一切都不重要。这就是我的想法,我的人生信条。"

吃完饭,他拉住张俊彪夫妇的手,坚持付了款,还一个劲儿地喊高兴。几个人又一起聊天回到医院,空旷的候诊大厅里,来了十几位新疆的病人,有男有女,有老也有少。他们坐汽车,坐火车,几天几夜,带来了大包小包的新疆瓜果,从数千里之外的乡村来到金城,找马牧西复诊或初诊。马牧西进了诊室,又开始下班后的加班了。他说只要是能给病人看病,他忙点累点也没啥,这样早就习惯了,心里也高兴!

四

　　金城的夏日是凉爽宜人的。夏日里，岁月匆匆，友情绵绵，令人欣慰和轻松。在这个夏季里，张俊彪夫妇坚持每周去马牧西的诊室换药方，坚持用买来的特大瓷药罐煎药，坚持服药，身体渐渐恢复。张俊彪的胃肠旧病开始有了改善，血尿蛋白尿降到了接近正常值，精神和气色也都日渐展露出来。侯晓菲的双膝关节疼痛复好，双腿时有的肿胀消退，在深圳时上下楼梯都不方便，如今已经灵活轻便了。悠悠百日，转瞬即逝，时令已过中秋，金城早晚以及阴雨天的清凉，已经让南方生活久了的人们难以适应。在这个夏季，张俊彪夫妇几乎每周去医院一次，每次复诊见到的景观大体一样：时过午后的候诊大厅里，依然坐着站着很多等待马牧西初诊或复诊的病人；在这些络绎不绝的病人当中，东西南北中，官民兵学商，男女老少，贫富贵贱，什么人都有，什么病都有；马牧西从来都是一视同仁，一律平等，一一接诊，反复叮嘱，周到有加，耐心如微，令人们感动又钦敬。他每天一百多位病人，天天如此，年年照旧，大概也都是病好的人传给患病的人，马牧西也就有此生看不完的病人了。照例是每次复诊后就近找家清真餐馆一起吃饭，照常是马牧西连拉带扯变脸变色坚持付费，令张俊彪夫妇实在过意不去。尽管这样，马牧西仍觉情未到，意未尽，又接连邀请去他家里吃饭，可见他的为人之诚挚，用情之深重。

　　盛情难却，张俊彪第一次是在一个星期日的下午去马牧西家里做客。恰逢他被一个朋友接去诊病，开门的是他的夫人陕桂芳，虽说二十多年不见了，但很快相互都认出了对方，只是张俊彪由

附录一 医德与医术

当年离开兰州南下深圳时的风华青年，已变成了满脸沧桑满头华发的花甲之人，令她连声说变化不大时，眼神和表情中都流露出一种难以掩饰的诧异与惊愕。她的变化的确不大，除去岁月留给她的几分成熟与谙练之外，身材依然苗条，脸色依然润泽，依然没有褪尽年轻时的美丽与清爽。马牧西是个极其诚信守时的人，张俊彪尚未坐定，他就急匆匆地赶回家了，刚进门就爽朗地笑着说："没办法，老朋友临时拉去看病。你老兄提前到了。"张俊彪是军人出身，又先后将近十年担任专职秘书，从来都是提前到场，也就成了习惯。马牧西冲泡了上品茶水，摆满了西北各地的风味小吃，当然也有来自他的故乡临夏州的穆斯林食物，盛情款待老友，还一直抱怨侯晓菲因事牵绊未能践约，反复说这次不算，下次补上，不然就不够朋友。两人坐在宽敞舒适花开香沁的客厅里，漫无边际地闲聊。大概两个多小时里，电话也是接连进来，有时几乎是此去彼来，不断打断他的谈兴。十几个电话，听得出来，七八个都是病人，大多又都是远在异地前来复诊不易的病人，他一一耐心接听病情述说，然后口授上次药方的添减修正，其实就是远程诊治。还有三四个电话，是同一个人先后多次打来的，每次都讲病人病情，口述自己开出的药方，征询意见；马牧西仔细听了，然后一一口授药方与剂量的增与减。他平静地说："这是个残疾孩子，早年来找我治病，又在乡下生活，很困难，我见他可怜，就长期为他诊治，遇到没钱抓药时，我就代付药费。后来他非要跟我学医不可，我就收下带了几年，他也用心，现在被一家小医院聘用上班，只是遇到疑难病症时，还需求助于我。有时我上班，很忙，他无奈时也会电话求助。我这人，你知道，不论谁找上来求助，不帮一下又怎么过意得去呢？"他停了一下，缓声说："当然，我每天七八个小时看病，回到家里，也很累，很想休息一会儿，但电话不得不听呀！老婆见我很累，劝我回家就关机，别接电话了。可是，我能做到吗？谁都知道，除了人家接去外地出诊坐飞机，我的手机就没有关的时间。"他无奈地摇头，苦笑，看得出来，却是甘愿如此，乐在其中。

有一个电话，也令他十分高兴。听得出来，电话里是一个妙龄女子兴奋热烈的声音。她向马牧西报告喜讯：自己生了一个男孩，过几天就喝满月喜酒，只是遗憾马牧西不能光临，打算寄点糖果来表达感激之情，待回到甘肃时，再来看望他。马牧西记性极好，好到极少遇见，他能记得每个复诊病人的姓名，因而一听电话，他就喊出了她的名字，收话时仍然嘱咐她继续再用一段药，会对产后恢复及育儿有益处。他告诉张俊彪，这个女的是平凉市人，在广东的东莞打工多年。去年回甘肃探亲，来找他看病，婚后多年不育，很想有个小孩。他当时给她开了药方，她带了十几剂药回东莞，后来每隔一段时间就电话或微信上远程诊疗一次，调整药方，终于她怀了孕。然后又坚持服他的药，保胎，顺产，终于梦想成真，做了妈妈。马牧西言犹未尽地说："病人好了，我就高兴。医生嘛，就是治病救人，帮病人解除病痛疾苦。说实话，几十年来，我都把病人当成自己的亲人。只有这样，你才能药到病除，妙手回春。"他无意中说出了从医做人必须双赢的终极真理。张俊彪不无感慨地说："其实，好的医生，好的教师，都是大的慈善家，终生都是做着济世救人、启蒙人性的慈善事业；终生都在做好事，行善举，积大德。当然，我指的是优秀的医生和教师。这话不是今天讲给你听的。我在深圳市政协担任科教文卫体主任时，在全体委员会上，在教育或卫生界别委员会上，在带领教育或医疗卫生调研组分赴大专院校中小学幼教场所或医疗机构座谈调研时,在很多场合都讲过,这是因为我企冀社会上有这样的学校和医院,有更多更好像这样的医生和教师……今天,我将这话说给你听,是因为你果真做到了。"

晚饭很丰盛,满满当当一大桌,全是牛羊肉做出的穆斯林风味的各种各色美味佳肴。饭后天已大黑,马牧西送张俊彪下楼,陪他走到一座清真寺时,才告别说:"我要去清真寺做礼拜。只要有条件,我一次也没有拉下。不瞒你说,我曾先后多次个人或携妻前往沙特阿拉伯去朝觐……我有信仰,也就守住了心灵的一方清静天地。"

五

过后不久,马牧西坚持再设家宴,诚邀张俊彪夫妇前往聚会,他是为了兑现讲给朋友的诺言。深秋将至,张俊彪夫妇准备回深圳过冬。马牧西又在家里举行了一次饯行晚宴,只是再次辛苦了陕桂芳。每次家宴都十分尽兴,每次都有很多谈不完的话题,而每次都令张俊彪夫妇一次又一次深入地走近了马牧西,重识马牧西,再看马牧西,一个何以能数十年如一日全心全意为病人服务的马牧西,一个不计私利不图虚名不求回报的一代名医马牧西。

带着马牧西的叮嘱,带着马牧西的药方,张俊彪夫妇回到深圳,配制了中药汤丸,坚持服药数月,竟然在开始服用他的药方的将近一年里,没有患过一次感冒。张俊彪退休前的一年多,体重不明原因地消瘦了十多斤,可是到了这一年的冬季,他的体重又恢复了七八斤,人的精气神明显远胜从前。朋友虽在南北二地,相隔万水千山，但心里时常相互想着，隔三间五都有电话或短信互致问候，提醒保重身体。元旦将临时，马牧西坚持要来深圳，多次电话短信里情真意切，说是为张俊彪配制了二十来天的中药粉剂，亲自送药。张俊彪虽然内心盼他来深圳一聚，但考虑到他太忙，毕竟也已年将花甲之人，长途奔劳，实在于心难忍。便在电话里说："你那么忙，不必数千里送药来。再说你的工资也不高，配药要花钱。你把药方发来，我在深圳中医院配制就行了。明年夏季我们仍回兰州度夏，我们见面的机会多的是啊！"他果断地明言道："不行。你说什么，这一回我也不听，我去看望你和嫂子，顺便送药。再说，这药方是我家祖传秘方，是不能外传的。"

按照约定的时间，马牧西周五下班后乘夜航，次日凌晨接近一点到达深圳机场，接到酒店已经三时多了。天亮后，马牧西照常起床。这一天，张俊彪给他带来了十多位朋友，一方面是介绍认识，另一方面也是慕名开个药方。深圳的清真餐馆很少，张俊彪带他在附近吃了一碗牛肉面，算是早餐。刚回到酒店，深圳大学常务副校长阮双琛夫妇赴约赶到了。马牧西开始为他们诊脉，虽无什么大病，但人过中年，所患的一些常见慢性病都被他一一诊出，阮校长夫妇连声称奇，说他把脉诊病真准。这时，香港佛教学会副会长、佛教学者谭浩辉夫妇也应邀从香港赶来；他刚代表港澳佛教界作为首届两岸暨香港、澳门中华最具影响力佛寺专家评委之一，出色完成了这届历时大半年的评定活动，并带来最新消息：首届全国仅评五十三寺，甘肃拉卜楞寺入选，次年二月四日至五日将在香港举行颁奖典礼。谭浩辉夫妇也称赞马牧西把脉诊病的天分和才华。接下来，广东珠宝玉器行业协会会长、深圳泰源福珠宝有限公司董事长兼总经理、《大中华二十世纪文学史》修编委员会主任杨昭光先生也带夫人赴约,待给他们夫妇诊脉开好药方,时已过午。中午大家一起去吃饭。按照广东和香港人的习俗,请医生看病都要付诊费的,更何况马牧西是数千公里之外从大西北赶来出诊的名医。谭浩辉先生的太太、杨昭光先生的夫人,都将事先准备好的诊费封好红包,真心诚意地请马牧西收下,以示答谢。马牧西坚辞未收,并声低而字重地说:"我看病从来是不收钱的。我看病也不是为了钱。我从兰州来深圳是为了看朋友,顺便为朋友把个脉,留个药方,怎么能收钱?收了钱,让人怎么看我这个人!"

午饭后回到酒店已是两点多。大约过了半个小时,深圳市政协科教卫体委员会副主任、书法家董兵团携老带幼全家来到酒店,一家五六口人,一一都请马牧西诊了脉,开了药方。马牧西的卓越医术,令董兵团一家人赞扬不已,他将自己事先为马牧西写的条幅展开来:"悬壶济世,救死扶伤。"马牧西欣然收下了这幅评价他的条幅。其间,广东省印刷行业协会会长陈均先生应邀来到,一时间房间里挤满了人,椅子上和床上都坐满了,还有两三个人站着候诊。忙到太阳落山,大家才一起去吃晚饭。张俊彪抱歉地说:"你凌晨三点多来,看了一天病,实在让人过意不去。"马牧西却高兴地说:"医生嘛,天职就是给人看病。我每次出诊都一样,都是在看病。"

星期天上午,侯晓菲陪马牧西吃过一碗牛肉面,没敢回酒店,带他在莲花山公园走了一圈,帮他照了几张相,说:"不然,你回家见了爱人和孩子,连深圳一个景点都说不出来。"马牧西笑着说:"其实我来过深圳多次,一次也没出去逛过,都是朋友拉朋友，熟人拉熟人，来了一堆人，我就是忙着看病。不过这样好，我乐意这样。外面都是人嘛，车嘛，街道商店嘛，也没有什么好逛的。"

简单吃过午饭，马牧西就匆忙赶往机场。临别时，他给张俊彪留下了二十来天的中药粉剂，反复叮嘱服用的方法，再三说："你先吃，吃了看，这是我用祖传秘方专门为你配制的药。如果效果好，春节后我再给你送药来。"同时也为谭浩辉和杨昭光的二位夫人各留下十天的中药粉剂，由张俊彪转交，并在药袋上注明服用方法。他自己花钱配制中药，却分文不收，令张俊彪夫妇深受感动。饭间谈到药剂与药量，马牧西说："过去的中草药，长的生长十来年、短的也要生长两三年，才能采撷入药；而现今的中草药，大多都是人工种植，很多又都是当年入药，因而药效大打折扣。如果按照前人的药剂与药量，很难达到医疗效果。"

马牧西回兰州后，仍然电话与深圳和香港的新老朋友保持着联络，并随时了解药效，远程跟踪诊疗持续进行。张俊彪见到几位朋友时，大家都说："马牧西的中药的确疗效明显，他真是医德高，医术精，做人好，行医正，是当前社会上难得一见的名医，良医，好医生！"

2015 年 2 月 17 日于深圳

附录二

马牧西医案选编

一、慢性萎缩性胃炎：十二指肠球部溃萎缩

病例1

张东平，男，47岁，兰州商业银行副行长

初诊：2009年3月4日

现病史：患者上腹部隐隐作痛，中脘部觉凉，喜按喜暖，空腹时痛甚，进食后疼痛缓解，面色萎黄，神疲乏力，四肢不温，大便溏稀，舌质淡，苔薄白，脉象细数。

辨证：脾虚胃寒，中阳不足。

治法：健脾和胃、温中寒散，四君子汤合黄芪建中汤加减。

处方：党参15g，白术10g，茯苓15g，枳壳10g，黄芪30g，桂枝10g，附子10g，高良姜10g，槟榔15g，木香10g，陈皮10g，鸡内金15g，厚朴15g，三七粉10g，炒三仙各10g，14剂，水煎服。

二诊：3月23日。上方共服14剂，胃脘痛明显减轻，四肢稍温，大便已实，食欲有增，舌淡红苔白，脉细数，原方加减。

处方：原方去附子、高良姜，加砂仁6g、山药30g、芡实15g、枸杞子15g，14剂，水煎服。

上方又服14剂，诸症渐愈，于4月18日X射线钡餐复查，胃大部黏膜光滑，十二指肠溃疡愈合，未见异常，大便潜血阴性。

再服10剂，以资巩固，至今未见复发。

方解：

本案是比较典型的脾虚胃寒型胃炎伴见溃疡。患者胃病已历十二春秋，气虚及阳，中阳不足，脾胃失于濡养，故胃痛隐隐，脘部觉凉。阳虚生内寒，寒得温则散，气得温则行，故喜温喜按；胃虚得食，则暂助正气以抗邪，故进食痛减，而空腹时正气更虚，故痛增。脾主肌肉而健运四肢，中阳不振，肌肉失去温养，故四肢不温；脾主运化水湿，为气血生化之源，脾胃虚弱，健运失常，生化乏源，故面色萎黄，神疲乏力，大便溏薄，舌淡脉细；脾主统血，中阳虚弱，血失统摄，故曾便血。健脾温中，和胃止痛的代表方是四君子汤、黄芪建中汤。四君子汤健脾补气，黄芪益气健脾，桂枝和胃而和营卫。本案例寒相较重，故加附子、高良姜以温中散寒，三七粉以散瘀止痛，鸡内金、炒三仙以和胃消积，诸药加减合用，共奏温中补虚之功。服药14剂后，诸症见轻，乃去附子、高良姜、三七粉，加砂仁、芡实、山药、枸杞子，以健脾养胃，益气补血；再服14剂，诸症渐愈。X射线钡餐复查，十二指球部溃疡亦已愈合。说明四君子汤合黄芪建中汤加减对脾胃虚寒的胃痛疗效是确切的。

病例2

赵光明，男，43岁，兰州市统计局干部

初诊：2010年9月12日

现病史：患十二指肠溃疡已13年，秋、冬、春季节之交易发胃脘疼痛，经钡餐透视十二指肠有龛影，大便潜血阳性，最近胃痛，以空腹为重，精神不佳，大便尚可，小便时黄，脉弦急，舌红苔少黄。

辨证：肝胃不和。

治法：调和肝胃。

处方：党参15g，白术15g，茯苓15g，甘草10g，柴胡15g，白芍30g，枳壳10g，黄连6g，吴茱萸6g，槟榔15g，木香10g，鸡内金15g，青陈皮各10g，炒三仙各10g，元胡10g，海蛸15g，10剂，水煎服。

二诊：服10剂后胃痛明显减轻，食欲增加，大便不爽，小便稍黄，寐差，脉弦数，舌红苔黄腻，属湿热尚盛，胃气未复，治宜调肝胃，清湿热。

处方：党参15g，白术15g，茯苓15g，甘草10g，石斛15g，麦冬15g，槟榔15g，木香15g，厚朴15g，栀子6g，郁金15g，鸡内金15g，枳壳10g，炒三仙各10g，赤石脂15g，香附15g，5剂，熬两次兑在一起，分3次饭后服用。

三诊：9月21日。胃痛基本消失，食欲正常，脉缓有力，舌边微有薄黄腻苔，续宜和胃，以资巩固，守方再服10剂。

方解：

本案为十二指肠球溃所致的胃痛，但与上一案有很大不同，秉承十余载，秋、冬、春易发，空腹疼痛为重，精神不佳，有中阳不足的表现，但小便黄，脉弦急，舌红苔少黄，显然是肝郁化热，肝胃不和之证，故治疗以疏肝清热、理气和胃为主，散寒止痛为辅。本案选用了四君子汤合四逆散加减，加青陈皮、木香、槟榔，疏肝理气，和胃为主。左金丸清散郁热，服药后肝郁得疏，胃痛稍减，但因大便不爽，舌苔黄腻，出现湿热中阻之象，故治除续调肝胃之外，需兼清化湿热之法，二诊，香附、川芎、枳壳、郁金疏肝行气，白术、厚朴、木香燥湿理气，鸡内金、炒三仙消食助运，石斛、麦冬清热养胃，由于辨证准确，药能对证，故仅5剂胃痛即消食，纳食增加，黄腻苔减，三诊时改用散剂缓调以巩固疗效。

所用散剂加海蛸制酸通血脉，赤石脂生肌调中，香橼疏肝理气，甘草和中止痛，调和百药，综合全方，有祛瘀止痛，愈合溃疡之效，且研为细末，用量小，作用持久，服用方便，用于溃疡性胃病慢性调治，值得借鉴仿效。

病例3

胡秋生，男，48岁，省公安厅干部

初诊：2010年12月27日

现病史：患者胃痛近12年之久，为灼热痛，并有口干口苦，胀满纳差，寒热皆不受，稍有泛酸嗳气，大便秘结，小便黄，舌红少津，苔薄黄，脉弦数。经胃镜检查为慢性萎缩性胃炎。

辨证：热郁胃腑。

治法：养阴清热，和中益胃，石斛麦冬清胃汤加减。

处方：石斛15g，麦冬15g，黄连6g，黄芩炭15g，党参15g，白术15g，白芍30g，枳壳10g，槟榔15g，木香10g，厚朴15g，鸡内金 15g，炒莱菔子 15g，炒三仙各 10g，元胡 10g，海蛸 15g，甘草 10g，7 剂，水煎服。

二诊：服上方 7 剂后灼热疼痛明显减轻，胀满消失，胃纳好转，口干泛酸减轻。

续用 10 剂，诸症消失，精神愉悦。

方解：

本案胃痛为热郁胃脘之证。热郁胃中，气机郁滞，故胃脘灼热疼痛，胃热郁蒸则口苦泛酸、失眠，胃气上逆则见嗳气，热盛伤津则大便秘结、小便黄，舌红少津、苔黄、脉数皆为热盛之象，治疗宜苦寒清热泻火，但口干、口腻、纳差，寒热皆不受，说明久病已有脾虚所致，故用苦甘为主的石斛麦冬清胃汤加减治之，方中石斛苦而甘寒，苦能清胃热，甘寒防劫津伤阴，麦冬苦寒微甘，清热生津散结，与石斛配合，清胃热而不伤胃阴，木香、枳壳疏肝解郁，理气止痛，白芍、甘草酸甘养阴，缓急止痛，元胡、三七粉活血祛瘀止痛，保护胃黏膜，由于辨证精确，用药得当，故 7 剂后胃痛显减，灼热消失，诸症好转，再服 14 剂以巩固疗效。

病例 4

吴冠中，男，58 岁，西北师大教授

初诊：2012 年 12 月 29 日

现病史：自诉胃病多年，隐隐作痛，食后痛减，甚或伴灼热感，口干舌燥，舌红少津，脉细数，纳差口苦，大便坚硬，曾做钡餐检查，确诊为十二指肠球部溃疡。

辨证：阴虚胃热。

治法：养阴清热，沙参麦冬养胃汤加减。

处方：沙参 15g，麦冬 15g，玉竹 15g，瓜蒌 30g，生地 15g，知母 10g，芦根 30g，鸡内金 15g，陈皮 10g，枳壳 10g，甘草 10g，炒三仙各 10g，10 剂，水煎服。

二诊：服 10 剂后疼痛缓解，大便黄软，原方去生地，7 剂后痛止，食欲、精神转佳，嘱守方再服 14 剂，以巩固疗效。

方解：

本案为阴虚胃热证，胃痛多年，损伤阴液，胃络失养，故隐隐作痛，虚则欲食以扶正，故食后痛减，但又健运无力，故口干、口苦、纳差。阴虚易生内热，故胃脘灼热。阴津不足，津不上承，故口干口苦。肠道失润则便坚，热伤血络故大便黑，舌红少苔，脉细数，均有阴虚内热之象，治疗应以滋养胃阴为主，佐以和胃助运。方中沙参、麦冬、玉竹、白芍滋养胃阴，知母、芦根清热生津，生地凉血止血，甘草酸甘缓急止痛，鸡内金、炒三仙助运消食，妙在陈皮一味苦辛微湿，既有理气和胃止痛之功，更可防诸养阴药阴寒妨碍胃气，且无湿燥伤阴之虞，故服药后胃痛即缓解，大便转黄，乃去清热凉血之生地，续服 14 剂，胃痛消失，诸症转佳而痊愈。

病例 5

成华峰，男，37 岁，招商银行职员

初诊：2011 年 2 月 17 日

现病史：诉 3 年前一次雨天朋友聚会，暴饮暴食，饮酒半斤，次日胃脘部烧灼样疼痛，多发生于饥饿时，伴有嗳气，泛酸，出现黑便。2009 年 4 月在医院做胃肠钡餐造影，诊断为十二指肠球部溃疡。现中脘部隐痛闷胀，反复发作，由来已久，每于饥饿时痛重，食后则痛缓解，但食后胀满难受，面色不华，神疲乏力，四肢困重，纳呆便溏，舌质淡苔白腻，脉濡细。

辨证：脾胃虚弱，湿阻中焦，以致中阳不振。

治法：健脾化湿，补气和胃。

处方：党参15g，白术15g，茯苓15g，枳壳10g，藿香15g，佩兰15g，白豆蔻6g，生薏米30g，陈皮10g，谷芽30g，鸡内金15g，炒三仙各10g，10剂，水煎服。

二诊：胃痛未发，苔白腻略化，仍守原方，共服20剂，诸症缓解。

三诊：12月17日，半年来胃痛未发，近又因饮食不规律而胃痛发作，神疲乏力纳少，二便尚可，舌质淡，苔薄脉细，辨证脾胃虚弱，气机不畅，拟予健脾和胃，理气畅中。

处方：党参15g，白术15g，茯苓15g，炙甘草10g，白芍15g，枳壳10g，陈皮10g，鸡内金15g，佛手15g，谷芽30g，炒三仙各10g，海蛸15g，21剂，水煎服。

上方随证加减，连服21剂，诸症渐愈，后曾做钡餐复查，十二指肠球部溃疡已愈合，随访半年，未见复发。

方解：

本例胃脘隐痛反复发作，饥饿尤甚，得食痛缓，面色萎黄，神疲乏力，舌淡脉细，均为脾胃亏虚之证，食后胃脘胀满难受，四肢困重，纳呆便溏，苔腻脉细，此乃时值盛暑，暑多挟湿，湿阻中焦，中阳不运之故也，此时治法宜化湿治其标，兼顾其本，用四君子汤益气健脾，藿香、佩兰芳香化湿，生薏米、茯苓甘淡渗湿健脾，白豆蔻、陈皮理气和胃，鸡内金、炒三仙消食助运，服药10剂，诸症缓解，半年多未发。至冬因过度劳累，损伤中气，胃痛复发，并伴神疲乏力，不思饮食，舌淡苔白脉细，一派脾虚之象，故以健脾和胃治本为大法，此案说明，同样的病，在不同季节、不同的诱因下有不同的证候表现，临证时必须分清标本缓急，掌握其中的联系演变，才能得心应手，这也是中医辨证论治之精髓所在。

病例6

石玉章，男，38岁，兰州市城关区法制局干部

初诊：2015年7月6日

现病史：胃痛10年余，近一个月来逐步加剧，面色苍白，身体消瘦，精神不振，四肢乏力，胃痛甚剧，痛有定处，拒按，嗳气频作，经常有柏油便，2015年6月经兰州大学第二医院钡餐检查诊断为胃小弯溃疡，脉沉无力，舌淡紫，边有瘀点。

辨证：气滞血瘀之胃痛。

治法：活血化瘀，行气止痛，拟四君子汤合膈下逐瘀汤加减。

处方：党参15g，白术15g，茯苓15g，枳壳10g，川椒6g，厚朴15g，元胡10g，三七粉10g，槟榔15g，木香10g，海蛸15g，陈皮10g，鸡内金15g，炒三仙各10g，桃仁10g，红花10g，全当归15g，川芎10g，白芍30g，乌药10g，7剂，水煎服。

二诊：服7剂后，胃痛大减，精神大为好转，继服7剂，大便潜血阴性，食欲增加，改用云南白药调治而愈，追访一年未复发。

方解：

此案为瘀血胃痛，胃痛十载，久痛入络，瘀血阻滞，久病脾

虚，脾虚则健运、化生无源，故面色苍白，身体消瘦，神疲乏力，瘀血阻滞，脉络损伤，故大便常呈柏油样，病在里，气血不足，故脉沉无力，瘀血内阻，故舌淡紫，边有瘀点。病虽属本虚标实，时有胃痛剧烈，宜先治标活血化瘀，行气止痛，方中桃仁、红花、全当归化瘀止痛，川芎、白芍养血活血，川椒、厚朴、元胡、三七粉、海蛸保护胃黏膜防止出血，药后瘀化络通，通则不痛，故7剂后疼痛大减，继服5剂大便潜血转为阴性，再用云南白药活血化瘀调治而使十年之余的胃痛痊愈，随访一年未见异常。

瘀血胃痛除由于气滞日久所致外，气虚、血虚者久痛也可入络，形成瘀血阻滞，诊断依据是痛有定处，痛如针刺或逐渐加剧，持久不解，拒按，舌紫或有瘀斑瘀点，治疗除活血化瘀、行气止痛外，阳虚者宜辅以温通，气虚者佐以补气健脾，阴虚者宜滋养胃阴，增加胃蠕动，如此效果更好。

病例7

程国庆，男，41岁，兰州市中学教师

初诊： 2001年10月25日

现病史： 病史5年，因不慎过食生冷，常与家人生气，情志不畅，致胃脘部窜痛，痛重如锥刺，畏寒喜暖，食欲不振，手足发冷，二便自利。面色苍白，舌淡苔白腻，脉沉细。

辨证： 寒伤气滞，肝胃失调，瘀血阻络。

治法： 温中散寒，调和肝胃，化瘀活血。

处方： 太子参15g，白术15g，茯苓15g，枳壳10g，厚朴15g，元胡10g，小茴香10g，肉桂6g，丁香10g，川芎10g，当归 15g, 香附 10g, 乌药 10g, 高良姜 10g, 鸡内金 15g, 炒三仙各 10g, 7 剂, 水煎服。

二诊：10 月 15 日，7 剂后脘痛大减，四肢渐温，食欲增加，前方见效，仍用原方加减。

处方：党参 15g, 白术 15g, 茯苓 15g, 枳壳 10g, 苍术 10g, 厚朴 15g, 吴茱萸 10g, 高良姜 10g, 柴胡 15g, 木香 10g, 香附 10g, 白芍 15g, 乌药 10g, 佛手 10g, 香橼皮 10g, 炒三仙各 10g, 7 剂，水煎服。

三诊：10 月 23 日。脘痛已消，中阳得振，气机转畅，脉络见通，唯纳谷欠香，嘱其仍宗前方去乌药、川芎，加鸡内金、谷芽。

方解：

《素问·举痛论》曰：寒气容于肠胃之间，膜原之下，血不得散，小络急引，故痛。本案由于饮食不慎，过食生冷，加之情志不畅，胃气不和，收引作痛。寒邪内犯，损伤阳气，故畏寒喜暖，阳气受损不能外达，故面色苍白，四肢厥冷，情志不畅，肝气犯胃，故胃脘部窜痛，寒邪凝滞，血运不畅，胃络阻滞，故疼痛加剧，痛如锥刺，舌淡苔薄白为有寒象，脉沉主里。综上所述，本证乃寒邪客胃，肝胃不和，瘀血阻络。治宜温中散寒，调和肝胃，方中四君子汤以补气健脾，高良姜、小茴香、肉桂、丁香温中散寒，香附、乌药、苍术、厚朴和胃，共奏理气止痛，如此药证相符，故二诊后痛减肢温，乃寒邪渐去，阳气复元，故减少温中及活血止痛之药，而加柴胡、木香、佛手、香橼皮等以加强疏肝和胃，调畅气机，三诊后气机转畅，中气足，故守方续服半月，诸症遂愈。

二、支气管哮喘

病例 1

赵子芳，女，47 岁，兰州电机厂职工

初诊：2010 年 10 月 11 日

现病史：过敏性哮喘 7 年史。患者 5 年前因厂房失火，闻煤烟味后出现哮喘，住院治疗后缓解，后每遇冷热刺激、油烟味而诱发，常于夜间发作，需喷万托林方能改善缓解，西医治疗无效，仍反复发作，严重时气短，胸闷，咳嗽，口干，咳黄痰，饮食尚可，二便调。

辨证：支气管哮喘。

治法：宣肺平喘，清热化痰。

处方：炙麻黄 10g，杏仁 10g，生石膏 30g，炙甘草 10g，乌梅 10g，蝉衣 10g，百合 30g，灵芝 10g，浙贝 10g，地龙 10g，麦冬 15g，五味子 15g，陈皮 10g，桑皮 15g，枇杷叶 15g，生黄芪 30g，7 剂，水煎服。

二诊：上方服 7 剂后气短，胸闷、咳嗽、喘息渐平，以后哮喘一直未作，服药期间停用任何西药。

处方：炙麻黄 10g，杏仁 10g，生石膏 30g，炙甘草 10g，元参 15g，炙黄芪 30g，乌梅 10g，蝉衣 10g，百合 30g，灵芝 15g，浙贝 15g，陈皮 10g，莱菔子 15g，葶苈子 15g，5 剂，水煎服。

三诊：服 5 剂后，遇冷哮喘再次发作，症状较前减轻，推测与冷空气刺激有关。继服二诊处方，加防风 10g、白术 10g，继服 7 剂。

四诊：

处方：太子参 15g，麦冬 15g，五味子 15g，莱菔子 15g，百合 30g，龙眼肉 15g，元参 15g，炙甘草 10g，炙麻黄 10g，杏仁 10g，浙贝 15g，地龙 10g，乌梅 10g，蝉衣 10g，椒目 10g，青黛 10g，陈皮 10g，珍珠 15g，炒三仙各 10g，连服 14 剂。

2011 年 11 月 23 日进行随访，患者一年未复发。

方解：

患者就诊时处于哮喘中度持续状态，舌质淡红，苔薄黄，脉弦数，为肺热之征，故用麻杏石甘汤清泻肺热，咳嗽痰黄，用浙贝、百合、地龙清热化痰，患者对油烟粉尘过敏，加乌梅、蝉衣散邪敛肺止咳，同时抗过敏改善过敏性体质，用麦冬、灵芝、五味子滋阴润肺，病人处于中度持续状态，哮喘发作时呼吸困难，气息急促，因此加生黄芪、地龙、葶苈子，增强降气平喘，润燥生津的功效。患者服用第一方后即感喘息减轻，呼吸逐渐平稳，并且停用了所有西药，此间哮喘一直没有发作。二诊时，继续守方服用，又加上元参，清利咽喉，当归化瘀平喘，莱菔子、葶苈子降气平喘化痰，复诊时病人十分兴奋和喜悦，询问是否需要每天服药，当时观察病情控制得较好，就告诉患者隔日服用 1 剂，不必每日服用。

患者因为哮喘复发第三次就诊，推测与遇冷和隔日服药有关，药力没有持续所致。患者在服用第一处方后病情基本控制，需要继续巩固治疗，隔日服用 1 剂导致药力没有继续，故而再次引发哮喘，但从发作时症状来看，程度已减轻，说明以前用药有一定的疗效，本病例提示，治疗慢性病一定要坚持服药，定要有方可守，不可因病情的表面控制改善而改变守方原则。

病例2 儿童支气管哮喘伴过敏性鼻炎案

吴倩茹，女，7岁半，兰州日化厂子弟

初诊：2010年10月9日

现病史：患儿支气管哮喘已半年，过敏性鼻炎，于当月过敏引起支气管哮喘，服用西药已控制，每遇冷空气、异味、粉尘即咳嗽气喘、打喷嚏、鼻痒眼痒、流眼泪、身痒以背部为重，起湿疹，反复发作，易恶心呕吐。

既往史：肺炎史已愈。

家族史：其父儿时患支气管炎，过敏性鼻炎。

辨证：哮喘、过敏性鼻炎。

治法：清热化痰，宣肺平喘，固表抗过敏，通利鼻窍。

处方：炙麻黄6g，杏仁6g，生甘草6g，生石膏15g，乌梅6g，蝉衣6g，百合15g，生黄芪15g，白术10g，防风6g，灵芝10g，苍耳子4g，辛夷花6g，陈皮6g，炒三仙各10g，7剂，水煎服。

二诊：2010年10月20日。服上方7剂哮喘减轻。喷嚏减少，患儿表虚，经常感冒，纳差，大便干燥。

处方：炙麻黄6g，杏仁6g，石膏15g，炙甘草6g，乌梅6g，蝉衣6g，百合15g，枇杷叶10g，生黄芪15g，白术10g，防风6g，灵芝10g，苍耳子6g，辛夷花10g，陈皮10g，炒三仙各10g，7剂，水煎服。

三诊：2010年10月30日。服上方7剂后，哮喘、过敏性鼻炎均已控制，食纳增加，大便易，每日1次。

处方：生黄芪15g，白术10g，防风6g，灵芝10g，乌梅6g，蝉衣10g，百合15g，杏仁6g，桃仁6g，金荞麦10g，鱼腥草10g，决明子10g，陈皮10g，麦冬10g，炒三仙各10g，连服14剂。

方解：

患者为7岁半儿童，患有哮喘和过敏性鼻炎，属于过敏性体质，患儿以支气管炎哮喘为主要表现，因此选用脱敏加玉屏风散加减治疗哮喘，再加苍耳子、辛夷花宣通鼻窍，蝉衣、金荞麦、灵芝改善过敏体质。

复诊时患儿哮喘、鼻炎均减轻，继续守方巩固疗效，患儿免疫力低下，容易感冒，加玉屏风散固表益气，增强体质防止病邪。

患儿在服用35剂中药后，哮喘得到了完全控制，为了巩固疗效，防止复发，继续守方服用。患儿大便干燥是因肺热津液分布不足所致，故加上桃仁、决明子肃降肺气，止咳平喘，润肠通便。

病例3

达志文，男，68岁，甘肃人民出版社员工

初诊：2011年6月14日

现病史：患者哮喘，咳嗽，活动时气短，10年，吐白色泡沫痰。平时有荨麻疹发作，血压、血糖有时升高，中西医治疗效果均不佳，纳差，睡眠需在服用抗过敏药后方可，心情郁闷，健忘易怒，大便时干时稀，舌质淡，苔白腻。

辨证：支气管哮喘，变异性咳嗽，荨麻疹。

治法：补肺固表，清热化痰，止咳平喘。

处方：炙麻黄10g，杏仁10g，石膏30g，炙甘草10g，百合30g，元参15g，乌梅10g，蝉衣10g，苏子15g，莱菔子15g，白芥子10g，木蝴蝶10g，麦冬15g，五味子15g，全当归15g，桃仁10g，14剂，水煎服。

二诊：2011 年 6 月 16 日。服上方 14 剂后哮喘咳嗽已减轻，体瘦，脉弱，现胸闷脘痞。

处方：炙麻黄 10g，杏仁 10g，石膏 30g，炙甘草 10g，百合 30g，蝉衣 10g，元参 15g，浙贝 15g，太子参 15g，麦冬 15g，五味子 15g，当归 15g，桃仁 10g，紫草 15g，白芥子 10g，莱菔子 15g，葶苈子 15g，枳壳 10g，炒三仙各 10g，21 剂，水煎服。

三诊：服上方 21 剂，哮喘、咳嗽进一步大幅度减轻，10 年来不能下楼户外活动，现可以散步 40 分钟，荨麻疹出现的次数减少，现痰多，黏黄，苔薄。

处方：炙麻黄 10g，杏仁 10g，石膏 30g，生甘草 10g，浙贝 10g，莱菔子 15g，当归 15g，桃仁 10g，百合 30g，紫草 15g，乌梅 10g，陈皮 10g，麦冬 15g，五味子 15g，枸杞子 15g，炒三仙各 10g，14 剂，水煎服。

四诊：2011 年 7 月 20 日。轻微咳喘，胸胀满，精神尚佳。

处方：瓜蒌 30g，莱菔子 15g，葶苈子 15g，徐长卿 15g，炙麻黄 10g，杏仁 10g，石膏 30g，炙甘草 10g，乌梅 10g，蝉衣 10g，百合 30g，地龙 10g，僵蚕 10g，当归 15g，浙贝 10g，陈皮 10g，炒三仙各 10g，14 剂，水煎服。

方解：

本案患者为 68 岁老人，患咳嗽、哮喘和荨麻疹 10 年之久，属于严重的过敏虚弱体质。初诊时，患者咳吐大量白色泡沫痰，苔白，看似肺寒的表现，因考虑到支气管哮喘的主要病机是肺热、肺气不足所致，因此仍然坚守清肺泻热，平喘止咳的治法，用麻杏石甘汤泻肺平喘，用莱菔子、苏子、葶苈子降气化痰，乌梅、蝉衣抗过敏，百合、麦冬养阴润肺，考虑久病入络、老年多病、血瘀、痰阻体质,又加当归、桃仁活血化瘀,止咳平喘。

患者服用 21 剂后,咳喘已经减轻,证明按照肺热论治的思路正确,此点提示我们临床诊病时不要被假象所迷惑,在纷繁复杂的症状中要善于抓住主要症状,辨清主要病机。在原方基础上加上生脉散,强心生脉,补气养阴,提高患者正气,加浙贝增强化痰清热的作用,又增加一味紫草以凉血止血,兼治荨麻疹。

三诊时,患者咳喘已大体得到控制,更可喜的是患者已经 10 年不能下楼活动,经过治疗后可以下楼散步 40 分钟,大大改善了患者的生活质量。患者的荨麻疹发作次数也有所减少,观上方并未加过多的凉血祛风止痒药,推测其取效的原因可能与方中的乌梅、蝉衣、紫草能改善过敏体质的作用有关,这说明,改善过敏体质比单纯改善过敏症状更重要。效不更方,守用前方略有加减,再加一位徐长卿加强改善过敏体质。

四诊时,患者虽有轻微的咳喘憋气,精神面貌已大为改观,于是在前方基础上再加地龙、僵蚕清热化痰,通络定喘巩固疗效,以期早日康复。

三、妇科病

病例 1

李某,女,44 岁,已婚

初诊:2012 年 6 月 15 日

现病史:痛经伴头晕 2 周余。患者于 2 周前突感经行期间小腹疼痛难忍,颜色紫黑,月经量少,夹有血块,并伴头晕,耳边如有蝇虫嗡嗡作响不止,浑身乏力。

既往史：既往体健，否认高血压、糖尿病病史，否认肝炎结核等传染病病史，否认手术外伤史，否认出血史。

个人史：月经初潮16岁，平均周期28天，行经天数5到6天，育1子，足月顺产1子，体健。

查体：舌有瘀点，脉弦涩。

诊断：中医：痛经，眩晕；西医：痛经，眩晕，神经性耳鸣原因待查。

辨证：证属瘀血内停，不通则痛，发为痛经。肝肾阴亏，虚阳上扰头晕目眩，耳鸣耳聋。舌脉均为血瘀之证，应注意行气活血。

治法：行气活血，化瘀通络，滋阴益肾，潜阳通窍。四物汤加耳聋左慈丸加味。

处方：熟地15g，川芎15g，白芍30g，当归15g，红花10g，益母草30g，元胡10g，三七粉10g，丹皮10g，地骨皮10g，山茱萸30g，枸杞子15g，杭菊10g，葛根30g，磁石20g，生龙牡30g，何首乌30g，益智仁15g，瓜蒌30g，枳壳15g，青陈皮各10g，7剂，水煎服。

方解：

患者耳鸣日久，为肾阴不足，精亏血少。方中熟地黄，味甘纯阴，主入肾经，长于滋阴补肾，填精益髓；山茱萸酸温，主入肝经，滋补肝肾，使患者肾阴足，络脉通。复诊结果：每日1剂，水煎服，每日3次，连服7剂后，月经如期而至，血块减少，颜色趋于鲜红，腹痛渐止，耳鸣不甚，头晕症状明显好转。后期汤剂守法续进，随证加减调至3个月经周期，已无明显不适，未再复诊。

病例 2

徐某，女，22 岁，未婚

初诊：2012 年 7 月 28 日

现病史：痛经 2 年余，加重 1 周，于 1 周前出现严重痛经，发作时心悸阵阵，腰膝酸软，腰腹冷痛，喜暖拒按，经色紫暗，有黑紫色血块，月经量少，3 天即止。

既往史：低血压史 83/58mmHg，营养不良史，无糖尿病、心血管、肾病病史，肝病、结核病等传染病史，无出血史，无手术外伤史。

个人史：月经初潮 15 岁，平均周期 23 天，行经天数 3~5 天。

查体：舌苔白，脉细涩。

诊断：中医：宫寒、痛经；西医：原发性痛经。

辨证：患者为典型的宫寒痛经，发作时喜暖拒按，血遇寒则凝，得温则行。由于胞宫寒凉，血不得行，凝聚于内，不通则痛，发为痛经。血块凝滞，经行不畅，经量遂减。

治法：暖宫祛瘀，活血止痛，配以理气健脾之品，"脾气一旺，胃气自兴，精微敷布，新血化生，月经自调"，艾附暖宫丸合健脾丸加减。

处方：红花 10g，益母草 30g，元胡 10g，三七粉 10g，小茴香 10g，炮姜 10g，香附 15g，阿胶珠 10g，熟地 15g，川芎 10g，赤白芍各 15g，当归 15g，太子参 15g，白术 15g，枳壳 10g，莱菔子 15g，陈皮 10g，木香 10g，鸡内金 15g，炒三仙各 10g，14 剂，水煎服。

方解：

方中阿胶、当归、白芍养血滋阴，以补冲任之虚损；川芎、三七粉以除阻滞之瘀血,其中,当归配川芎既可温经散寒又可活血祛瘀,白芍能缓急止痛,炮姜温宫驱寒,全方合用使瘀血散,新血生,经脉畅。复诊结果:每日1剂,每日3次,水煎服,连服5剂后,至本次月经来潮,疼痛感明显好转,血块消失,腰腹不甚寒凉,食欲大增,脾胃的消化功能得到明显改善。

病例3

陈某,女,38岁,已婚

处诊: 2012年9月20日

现病史: 于2周前月经来时乳房疼痛明显,触及大小不等串珠状结节,乳房外观未见明显异常。经行第二天出现头晕目眩、站立不稳等症状,腰膝酸软,小腹疼痛。

既往史: 患者无高血压、糖尿病、心血管病、肾病史,否认肝病、结核病等传染病史,无出血史,无手术外伤史。

个人史: 月经初潮16岁,平均周期25天,经行5~7天。育有1子1女,足月顺产,体健。

查体: 苔白腻,脉弦。

诊断: 中医:乳癖;西医:乳腺增生。

辨证: 肝郁气滞。患者为肝郁体质,肝郁气滞导致肝经所行之处出现病变,"上贯膈,布胁肋",遂乳房胀痛难忍。气滞则血行不畅,经行小腹疼痛。

治法: 疏肝解郁,行气止痛,并活血之法,气顺则血行,血行则痛自除。方用逍遥丸合四物汤加减。

处方: 红藤30g,元胡10g,益母草30g,三七粉10g,熟地15g,川芎10g,白芍30g,当归15g,杜仲15g,狗脊20g,桑寄生 15g, 阿胶珠 10g, 瓜蒌 30g, 天冬 15g, 王不留行 30g, 青陈皮各 10g, 柴胡 15g, 元胡 10g, 木香 10g, 枳壳 10g, 三七粉 10g, 三仙各 10g, 14 剂, 水煎服。

方解:

方中柴胡疏肝解郁, 以使肝气调达, 白芍滋阴柔肝, 当归养血活血, 二味相合, 养肝体以助肝用, 兼制柴胡疏泄太过, 枳壳、三仙理气健脾, 使营血生化有源。复诊结果: 每日 1 剂, 每日 3 次, 水煎服, 期间乳房胀痛明显好转, 复诊时, 触及乳房包块减小, 数量亦减少。至第二次月经来时已无腹痛症状, 头晕症状未见, 14 剂药后, 上述症状完全消失, 患者趋于康复。

病例 4

马某, 女, 44 岁, 已婚

初诊: 2012 年 10 月 12 日

现病史: 患者 1 年前经行突感膝关节连及大腿酸痛难忍, 并伴有明显的小腹坠胀疼痛。关节发凉发冰, 平时患者亦有手脚冰凉、畏寒肢冷等症状, 1 周前症状加重, 遂来我院就诊。

既往史: 患者有高血压史 3 年, 170/110mmHg, 否认糖尿病、肾病史, 否认肝病、结核病等传染病史, 否认大出血及外伤史。

个人史: 月经初潮 18 岁, 月经周期 27 天, 经行 7~8 天, 育有 2 女 1 子, 足月顺产, 体健。

查体: 苔薄白, 有齿痕, 脉细。

诊断: 中医: 痛经伴轻度痹证; 西医: 痛经伴轻度风湿性关节炎。

辨证: 患者平素手脚冰凉, 喜暖恶寒, 表明患者为阳虚体质。

阳虚血凝胞宫引发痛经，经期关节疼痛说明患者气血亏虚，血虚不足以充养，不荣则痛，遂关节疼痛。

治法：补气养血，祛风除湿。艾附暖宫丸合四物汤、左归丸加减。

处方：红花10g，益母草30g，元胡10g，三七粉10g，小茴香10g，炮姜10g，香附15g，阿胶珠10g，熟地黄15g，川芎10g，白芍30g，当归15g，山药30g，山茱萸30g，枸杞子15g，鹿角霜15g，乳香10g，生薏米30g，独羌活各15g，陈皮10g，枳壳10g，三仙各10g，7剂，水煎服。

方解：

方中用熟地黄滋阴补肾、填精益髓，用鹿角霜这种血肉有情之品峻补精髓，山茱萸养肝滋阴、涩精敛汗，山药补脾益阴、滋肾固精，枸杞子补肾益精、养肝明目，诸药合用，共奏益肾滋阴、填精补髓的功效。复诊结果：每日1剂，每日3次，连服7剂后，腿部膝关节疼痛感消失，酸胀感趋于好转，至本次月经，小腹不再疼痛。后期又佐以补气养血之八珍汤加以调养，3个月经周期后，患者康复。

病例5

覃某，女，26岁

初诊： 2012年6月13日

现病史： 患者年已26岁，从未来过月经，但有周期性下腹胀痛和带下增多，平时自觉有阵发性心悸，睡眠欠佳，容易惊醒，胃纳欠佳。这几天下腹胀痛感，曾有甲状腺亢进病史，经治疗后好转，身体较消瘦，某医院疑为子宫内膜结核，曾用抗结核药，治疗未效，又多次用西药人工周期治疗，月经均未来潮。

既往史：既往有甲亢病史，否认肝炎、结核等急慢性传染病史。

个人史：出生原籍，无不良等嗜好，月经从未来潮。

查体：第二性征正常，肛检发现子宫比较小，舌尖有点红，脉弦细略数。

诊断：中医：闭经；西医：原发性闭经。

辨证：肝肾阴不足，兼有瘀滞之原发性闭经。

治法：滋肾安神，佐以化滞行瘀，拟用桃红四物汤合右归丸加减。

处方：红花10g，益母草30g，桃仁10g，三七粉10g，熟地15g，川芎10g，炒白芍15g，当归15g，炒山药15g，山萸肉15g，怀牛膝15g，龙眼肉10g，黄精30g，赤芍15g，青皮10g，枳壳10g，焦三仙各10g，7剂，水煎服。

二诊：12月18日，服药后睡眠好转，胃纳增进，心悸减轻，月经周期征兆已过，舌面有点红，脉细略数，仍以滋养肝肾为主，佐以化瘀散结。

处方：黄精30g，生地15g，怀牛膝15g，龙眼肉10g，麦冬10g，山楂肉30g，丹参20g，炒白芍30g，青皮10g，陈皮10g，焦三仙各10g，7剂，水煎服。

并嘱每晚睡前服乙烯雌酚1mg，连服22天，以期中西医药配合增强疗效。

三诊：12月24日，服药后，精神续见好转，胃纳、睡眠均佳，心悸减轻，舌脉如上，治以滋养肝肾为主，兼以化瘀行气散结。

处方：生地 15g，熟地 15g，黄精 30g，山楂肉 30g，枸杞子 15g，青皮 10g，炒白芍 30g，桑椹 30g，元参 15g，夏枯草 30g，炒山药 15g，山萸肉 15g，陈皮 10g，枳壳 10g，炒麦芽 10g，7剂，水煎服。

四诊：2013 年 1 月 7 日，精神、胃纳均好，白带增多，月经来潮，舌红少苔，脉弦细，滋养肾阴为主，佐以疏肝。

处方：菟丝子 20g，熟地 25g，黄精 30g，枸杞子 15g，怀牛膝 15g，桑椹子 30g，炒白芍 20g，当归 15g，川芎 10g，党参 10g，炙甘草 10g，香附 12g，陈皮 10g，枳壳 10g，焦三仙各 10g，7剂，水煎服。

五诊：1 月 11 日，精神好，月经来潮，舌有小红紫点，脉弦细略滑（乙烯雌酚已服完），有下腹胀痛的月经征兆，补血活血，佐以化瘀通经。

处方：当归 15g，川芎 10g，熟地 20g，生地 25g，赤芍 15g，山楂肉 30g，刘寄奴 15g，红花 10g，桃仁 10g，炒麦芽 10g，神曲 10g，7剂，水煎服。

六诊：1 月 28 日，周期征兆已过，月经仍未来潮，舌暗红，苔薄微黄，脉细弱，治宜滋肾补肝。

处方：熟地 20g，生地 20g，怀牛膝 20g，淫羊藿 15g，枸杞子 15g，菟丝子 15g，枳壳 10g，当归 15g，陈皮 10g，鸡内金 15g，焦三仙 10g，7剂，水煎服。

以后按上述方法在平时以滋养肾阴为主，佐以温补肾阳，资其化源，至有月经征兆期间，则重活血化瘀通经，因势利导，服药至 2013 年 4 月，开始月经来潮，仍继续调治，一年后随访，月经基本按期来潮。

方解：

本例为子宫发育不良之原发性闭经，患者曾有过甲状腺亢进病史，从中医辨证来说，患者素体消瘦，眠食欠佳，常有心悸，舌有红点，少苔或薄黄苔，脉弦细略数，主要为肝肾阴亏，肝气郁结，虚火偏亢。肾阴为月经主要化源，肝肾阴不足，化源不充，加之肝气郁结，故月经不能按期疏泄，但尚有周期性小腹胀痛和白带增多等月经周期征象，这就说明天癸之功能并非缺如，舌面有红紫小点，是气滞血瘀之征，如能一方面资其化源，一方面疏肝行气、活血化瘀，因势利导，则月经可按期而至，故采用先补后攻，边补边攻之法，即平时用滋补，在有月经征兆时用活血化瘀通经，反复坚持一段时间，此法称为中药周期疗法。本例曾多次用西医人工周期之法未效，本次以中药为主，曾短期服过乙烯雌酚，以促进卵巢功能，有些病例单用中药或西药未效，改用中西医结合是可以取得疗效的。在中药用药过程中，曾重用山楂肉，目的是用以消导化瘀以助通经，夏枯草、元参等驱寒散结，目的是针对甲亢病史，因甲亢导致月经失调，从中医角度来说，这属肝郁、肝火之范围，适当合并处理，对通经是有帮助的。

病例6

蔡某，25岁，未婚

初诊： 2013年8月3日

现病史：患者13岁月经初潮后，周期基本正常，但有痛经史，自23岁始，偶有几次经前鼻衄，几滴而止，诊为"倒经"，经服中药而愈。2013年6月25日（经前）下班午睡后，突然大量鼻衄,从口鼻涌出,色鲜红挟有血块,即到当地某医院急诊,经注射药物和填塞鼻腔处理未能止血,入院五官科住院,检查所见"鼻中隔左侧前下方有糜烂面,有多量血液涌出",内科会诊认为鼻出血与内科关系不大,入院后6天鼻衄共2000ml,输血600ml,住院18天鼻衄暂止而出院,出院诊断为"倒经"。出院不久,来医院妇科就诊,自诉从6月大量鼻衄至今未愈,月经周期不定,经量减少,经色深红、痛经,要求中医调治。

既往史:既往体健,否认肝炎、结核等急慢性传染病史。

个人史:月经13(3~5天/28~30天),2013年6月25日,经色、质量未见异常,无黏性分泌物。

查体:昨天下午少量鼻衄,月经现未净,量不多,睡眠不佳,纳差,疲倦,面色晦暗、昏暗,舌暗红、边有瘀斑,苔白微黄厚腻,脉弦滑。

诊断:中医:倒经(经行吐衄);西医:倒经。

辨证:此为经行吐衄,属肝郁化火,火气上逆,兼有脾虚湿郁所致。

治法:引血下行为主,健脾化湿,拟用犀角地黄汤合丹栀逍遥散加味。

处方:海蛸15g,焦杜仲15g,地榆炭30g,仙鹤草30g,生地15g,丹皮10g,赤芍15g,怀牛膝15g,丹参20g,佛手10g,栀子10g,藿香10g,茵陈30g,焦三仙各10g,7剂,水煎服。

二诊:服药后胃纳转佳,睡眠好,头晕,月经来潮,暗红色,量与前次相等。舌暗红稍淡,苔薄白,唇暗,脉滑略弦,脾湿稍化,除继续引血下行外,兼养血和肝。

处方:丹参15g,怀牛膝15g,黑栀子12g,生地15g,炒白芍 15g，山楂 15g，赤芍 10g，茯苓 20g，桑寄生 20g，香附 10g，5剂，水煎服。

三诊：2014 年 1 月 14 日，月经 9 日来潮，现未净，12 日衄血 20ml 左右，面色仍稍晦暗，唇暗红，舌有瘀斑，苔白微黄腻，脉弦滑，仍守前法，并加强疏肝之品。

处方：柴胡 10g，炒白芍 15g，茯苓 30g，炒白术 10g，山栀 10g，丹皮 10g，丹参 12g，怀牛膝 15g，桑寄生 20g，陈皮 10g，焦三仙各 10g，7 剂，水煎服。

四诊：本次月经 2 月 6 日至 2 月 10 日，较前几次稍多，色暗红，有血块，经期中有仅有少量血丝流出，心烦不安，胃纳欠佳，舌尖红，边有瘀斑点，苔白略厚，脉弦滑，治则如前。

处方：怀牛膝 15g，丹参 15g，茯苓 15g，淮山药 30g，炒白术 10g，黑栀子 10g，炒白芍 15g，佛手 15g，桑寄生 15g，生地 15g，陈皮 10g，焦三仙各 10g，7 剂，水煎服。

五诊：月经将潮，近日来自觉喉中有血腥味，但未见鼻衄，自觉胸膈和小腹胀痛，夜寐不宁，小便短赤，舌淡暗，边有瘀点，苔白略腻，脉弦滑，肝气尚郁，兼有瘀滞，治法除继续引血下行外，加强解郁行气化瘀之品，以巩固疗效。

处方：丹参 15g，怀牛膝 15g，栀子 12g，郁金 12g，炒白芍 15g，茯苓 20g，山楂肉 10g，桃仁 10g，丹皮 10g，青皮 10g，枳壳 10g，焦三仙各 10g，7 剂，水煎服。

六诊：本次月经 5 月 25 日，5 天干净，量中等，色深红，痛经减轻，无鼻衄，仅于经后自觉喉中有血腥味，舌尖红，舌质暗红，苔白，脉细弦略滑数，守前法为治。

处方：丹参 12g，怀牛膝 15g，黑栀子 10g，茯苓 25g，炒白芍 20g，淮山药 15g，车前子 15g，生地 15g，香附 10g，枳壳 10g，陈皮 10g，焦三仙各 10g，7 剂，水煎服。

七诊：近几个月来已无鼻衄，亦无自觉喉中有血腥味，痛经减轻，亦无腰痛，精神好，胃纳可，月经正常，本次月经 9 月 18 日，量中等，面色已较红润，舌质淡，尖稍暗红，苔白略腻，脉弦滑。

处方：丹参 15g，怀牛膝 15g，黑山栀 10g，茯苓 30g，淮山药 30g，甘草 3g，北沙参 15g，女贞子 10g，旱莲草 15g，陈皮 10g，枳壳 10g，焦三仙各 10g，7 剂，水煎服。

方解：

本例经期鼻衄曾达 2000ml，持续 6 天，出血量之多，持续时间之长是较为罕见的。经五官科和内科会诊，已排除该科病变，均认为是妇科"倒经"，诊断比较明确，后经中药治疗收到满意效果，且经观察 1 年，已无复发，月经正常，疗效较好。倒经，中医多认为是肝郁化热、气逆上来，不能下注所致，如《女科证治准绳》说："妇人鼻衄者，由伤动气血所致也，凡气血调和，则循环表里经络，涩而不散，若劳伤损动而生热，气逆流溢入于鼻者，则成鼻衄也。"凡鼻衄虽多，因热而得此疾，亦有因怒气而得之。《医宗金鉴·女科心法要诀》认为："皆因热盛也，伤阴络则上行为吐衄，一般主张用犀角地黄汤加减化裁。"本例衄血多而经量少，舌暗尖红，烦躁不安，脉弦滑，此为气郁化热之症，治法必须养阴清热、引血下行为主，故处方始终以丹参、怀牛膝、黑栀子、生地、丹皮等味为主药，佐以疏肝行气解郁，适当选用柴胡、郁金、青皮、佛手、白芍之品，同时因其出血过多，故兼用桑寄生以养血和肝，又因患者面色黄晦，胃纳欠佳，肢体疲倦，舌苔厚腻,故佐以茯苓、山药、茵陈、藿香等以健脾化湿,使脾胃调顺,月经通畅,而逆经之患可除。

四、其他杂症

1. 清热祛风通窍治愈肺经风热型鼻渊案

程某,女,22岁

初诊:2013年4月1日

现病史:患者鼻塞流脓涕2年余,2012年10月19日在兰州中西医结合医院放射科拍片,报告示"双侧上颌窦炎合并积液",行上颌穿刺清洗治疗,因穿刺时出血过多,患者恐惧而中断治疗,于2013年4月1日来诊。

既往史:既往体健,否认有药物过敏史。

查体:感冒已4天,脓性鼻涕较前增多,伴咽痛、右侧头痛、咳嗽,舌尖红,苔白脉数。

诊断:中医:鼻渊;西医:双侧上颌窦炎合并积液。

辨证:肺经风热。

治疗:清热祛风通络,方以苍耳子散加减。

处方:金银花20g,连翘10g,元参15g,天花粉20g,杭菊10g,苍耳子10g,辛夷花10g,黄芩10g,陈皮10g。蒲公英30g,白芷15g,桔梗10g,生甘草10g,车前子15g(布包),7剂,水煎服。

二诊:症状减轻,继服下方。

苍耳子10g,辛夷花10g,白芷10g,藿香10g,苏梗10g,桔梗10g,生甘草10g,桑叶10g,杭菊10g,7剂,水煎服。

三诊：仍右鼻塞，少许黏液涕，除头痛间发外诸症皆除，检查见鼻黏膜淡红，右下鼻甲稍肿大，未见引流物，舌淡红，苔薄白，脉稍数。

处方：党参10g，白术10g，茯苓12g，炙甘草3g，陈皮3g，香附10g，生地黄10g，女贞子10g，淮山药10g，白芷10g，苍耳子10g，桑寄生15g，7剂。

服上方后头痛流涕消失，鼻塞仍未完全消失，考虑到患者终日坐着低头工作，气血流通不畅，鼻塞日久，要彻底治愈除继服上方加减外，尚须锻炼身体，乃建议患者注意饮食起居，学习太极拳，患者听从医嘱，坚持锻炼，精神转佳，鼻塞完全消失。

方解：

此例为慢性鼻炎，慢性上颌窦炎，初诊时伴有急性发作，证为肺经风热，治以清热祛风通窍之剂，外邪去后，正虚乃为主要矛盾，予以健脾养阴通窍之剂，并嘱患者加强体育锻炼，使其气血通畅而达到痊愈之效。

2. 以脾胃论治唇痒案

钟某，女，40岁

初诊：2013年8月3日

现病史：嘴唇奇痒难忍已半年，内服扑尔敏、B族维生素及中药未愈。

既往史：既往体健，否认药物过敏史。

查体：就诊时唇红而干，口气臭秽，脘腹胀满，大便秘结，舌苔白腻，脉濡数。

诊断：中医：唇风；西医：慢性唇炎。

辨证：胃脾湿热壅遏，浊气上泛。

治法：清泻脾胃湿热，以平胃散合清胃散加减。

处方：石斛 15g，麦冬 15g，黄连 6g，黄芩炭 15g，生地 15g，丹皮 10g，藿香 10g，佩兰 10g，炒苍术 10g，陈皮 10g，厚朴 10g，生薏仁 30g，酒大黄 6g，7 剂，水煎服。

二诊：服上方后，口唇奇痒、口臭、脘腹胀等症均减轻，大便已通，但口唇仍色红燥痒，灼热，舌苔白腻减退，舌淡红，少津，脉数。仿泻黄散加味以生津消热。

处方：焦山栀 10g，防风 10g，藿香 10g，苍术 10g，陈皮 10g，厚朴 10g，酒大黄 6g，生甘草 6g，元参 15g，天花粉 20g，玉竹 10g，荷叶 10g，7 剂，水煎服。

三诊：服上方 7 剂后唇痒消除，口唇仍微显红燥，舌淡红，脉微数，令其再服上方 4 剂，后病愈。

方解：

口唇为脾窍，唇为脾之外候，湿热壅滞脾胃，故脘腹胀满，湿壅化热，热极生风，风邪郁闭脾经，故口唇奇痒难忍，脾胃热炽，耗伤津液，上则口干唇燥，下则便秘赤溺，舌苔白腻，脉象数，正是脾胃湿热郁遏之证，初诊以平胃散燥湿泻满，芩、连、酒大黄清热通便，香化湿浊。二诊时唇色红燥，灼热，痒未全止，则是湿热灼伤津液。仿泻黄散之意，加石斛、玉竹、天花粉、元参以清滋脾胃之阴，加荷叶醒脾开胃，又能引诸药上达病所，故收效速。

3. 温肾助阳治疗水肿（慢性肾炎）案

苏某，男，45 岁

初诊：2015 年 10 月 12 日

现病史：患者 2 年前上呼吸道感染后，出现眼睑及颜面浮肿，经休息后症状好转，但每遇劳累或外感后症状复现，每次尿常规检查均可见镜下尿蛋白。现自感疲倦乏力，少气懒言，腰痛、脚痛，下半身常伴有冷感，阳痿早泄，脉尺部沉细。辅助检查：尿蛋白 ++，尿潜血 +++，血压 160/100mmHg。

辨证：肾阳虚衰，阳不化气。肾气虚衰，阳不化气，故见眼睑及颜面浮肿，肾阳不足，不能温养下焦则腰痛脚软，下半身常有冷感。阳痿早泄，自汗，易感冒，舌淡而胖，脉虚弱，尺部沉细，均为阳气衰微之象。

诊断：中医：水肿之肾阳衰微。

治疗：温肾助阳，化气行水。以济生肾气丸合真武汤加减。

处方：生黄芪 50g，生薏仁 30g，白茅根 30g，车前草 30g，棕榈炭 30g，槐花炭 30g，仙鹤草 30g，熟地 15g，炒山药 30g，山萸肉 30g，枸杞子 20g，丹皮 10g，泽泻 15g，茯苓 30g，车前子 15g（包煎），桂枝 10g，制附片 10g，川牛膝 15g，生姜 10g，炒白芍 30g，炒白术 15g，7 剂，水煎服。

二诊：2015 年 10 月 15 日。患者自述服药一周后症状有所缓解，颜面浮肿明显减轻，仍有腰膝酸软，双腿无力症状，睡眠质量不佳，口苦纳差，查尿蛋白 ++，尿潜血 ++，血压 150/100mmHg。原方加酸枣仁 15g，柏子仁 15g，黄连 6g，鸡内金 15g，焦三仙各 10g，再取 10 剂继服。

三诊：2015 年 10 月 30 日。患者自述颜面浮肿消失，腰膝酸软及下肢发冷症状好转，阳痿早泄明显减轻，睡眠质量提高，口苦纳差好转，加肉苁蓉 15g，韭子 15g，再取 10 剂继服。

四诊：2015 年 11 月 12 日。患者自感身体轻松，无浮肿，无腰膝酸软症状，无下肢发冷感，查体，尿蛋白+，潜血阴性，血压：135/85mmHg，上方续 10 剂继服。

五诊：2015 年 11 月 25 日。患者眼睑及颜面无水肿，全身无不适感，查体，尿蛋白、潜血均为阴性，嘱咐再服 10 剂以巩固疗效，并已痊愈，注意饮食，适量运动，随诊。

方解：

腰为肾府，肾为先天之本，真武汤为治疗脾肾阳虚，水气内停的主要方剂。水之所制在脾，水之所住在肾，肾虚则不能化气行水，脾阳虚则不能运化水湿，以致水湿内停，治宜温脾温肾以助阳气，利小便而祛水邪，肾为水火之脏，根据阴阳互根原理，善补阳者，必以阴中求阳，则生化无穷，故用六味地黄汤加附子、肉桂之济生肾气丸，滋补肾阴，温补肾阳。白术、茯苓、泽泻、车前子通利小便，生姜温散水寒之气，牛膝引药下行，直趋下焦，强壮腰膝。

方中生黄芪重用 50g，意在补气而利水，白茅根既可凉血止血，消除尿中潜血，又可利尿祛湿，用棕榈炭、槐花炭、仙鹤草凉血止血，六味地黄汤补阴，附子、肉桂补阳，寓意"益火止血，以消阴翳"。综观全方，温补肾阳，利水消肿，水邪祛，疾病愈，实为妙也。

4. 调肝和络法治愈胁肋内伤咯血案

金某，女，42 岁

初诊：2012 年 9 月 3 日

现病史：左胁隐痛伴咯血 1 年余。去秋以来，咯血间作，损及肺脉阳络,略带呛咳,继发迄今,故有多次左胁隐痛不舒,经过验痰及 X 线摄片,俱无迹象可见。右脉浮涩,左脉微弦。

既往史:既往体健,否认肝炎、结核病等传染病史,否认药物过敏及手术外伤史。

查体:左胁隐痛不舒,经过验痰及 X 线摄片,俱无迹象可见,右脉浮涩,左脉微弦,舌淡苔白。

诊断:中医:胁痛;西医:肋软骨炎。

辨证:胁肋内伤,损及阳络。

治法:按病论治,先理阳络之损,再调厥阴之脉,以柴胡疏肝散合失笑散加减。

处方:柴胡 15g,元胡 10g,郁金 15g,降香 10g,炒白芍 30g,当归 15g,枳壳 10g,丹参 20g,炒蒲黄 10g,仙鹤草 30g,茜草炭 15g,旋覆花 10g,桃杏仁各 10g,橘络 10g,炙枇杷叶 15g,焦三仙各 10g,7 剂,水煎服。

二诊:9 月 10 日。胁肋内伤已久,肝胆之气失调,以致肺气受侮,时有咯血,两胁隐隐作痛,左胁为甚,近年癸事少至,右脉细弦,阳络伤则血外溢,厥阴肝失条达,以致经期失常,再以调肝理气、止血和络为治。

处方:当归 15g,郁金 10g,麦冬 15g,炒蒲黄 10g,藕节炭 30g,仙鹤草 30g,益母草 30g,桑寄生 20g,竹茹 10g,合逍遥丸,7 剂,水煎服。

三诊:9 月 25 日。胁肋内伤已久,肝失条达,肺金受侮,治后咯血已稀,胁肋之间尚有隐痛,舌苔薄腻,治以宁血保金。

处方:炒白芍 30g,丹参 20g,益母草 30g,仙鹤草 30g,干藕节 15g,茯苓 15g,桑寄生 20g,炙百合 30g,合逍遥丸、当归丸、黛蛤散，7剂，水煎服。

四诊：10月5日。胸胁内络损伤为时已久，气血不和，隐隐掣痛，左胁较甚，偶有咯血，冲任失调，经来不正，粉剂为治，注意起居，徐图疗效。

处方：阿胶珠10g，川贝母10g，川郁金10g，白芷15g，生蒲黄10g，降香10g，党参15g，丹参15g，5剂。

以上药物混合后共研细末每日用温开水调服，分两次吞下。

五诊：10月26日。胸胁内络损伤为时已久，阵阵作痛，常有咯血，调治以后胁痛渐平，咯血已止，唯癸事少至，头晕，腰脊酸软，肝胃之气不充，涉及冲任失调，拟调肝和络，益肾补气品综合为丸，以固其本。

处方：当归45g，赤白芍各30g，郁金24g，制香附45g，川贝母24g，炒蒲黄30g，益母草30g，红花15g，降香15g，党参15g，丹参15g，淮山药30g，潼白蒺藜各30g，生地45g，菟丝子30g，杜仲30g，山萸肉30g，紫石英30g。

上药共研极细末，加陈年阿胶30g，鹿角胶30g，和末为丸，如绿豆大，每日早晚吞服10g，用温开水送服，如遇感冒、食滞等不适，暂缓再服。

方解：

本例胁肋内伤，损及阳络，离经之血久而不祛，遂致留瘀隐患，故胁痛咯血，至近年癸事少至，显属肝肾两亏。肝藏血，肾藏精，精血不充，肝气失于疏泄，则冲任失养，乃为经血少之。治当先理阳络之伤而平胁肋之痛，而后予补益肝肾，养血调经，以图其本，此乃常理，可得预期之效。

5. 清热利湿、通淋排石法治愈石淋案

谢某，男，57 岁

初诊：2013 年 5 月 27 日

现病史：患者两周前因过劳出现左侧腰疼，近两周出现小便淋漓涩痛，伴尿血，尿常规检查：白细胞 2×10^9/L~3×10^9/L，红细胞满视野，舌淡苔薄白，脉弦。

既往史：既往体健，无烟酒等不良嗜好。

诊断：中医：石淋；西医：输尿管结石。

辨证：下焦湿热，瘀阻脉络。

治法：清利湿热，利尿排石，拟用八正散合银花泌炎灵加减。

处方：金银花 20g，连翘 15g，蒲公英 30g，野菊花 10g，石韦 15g，滑石粉 15g，萹蓄 15g，车前草 30g，瞿麦 15g，大小蓟各 15g，海金沙 15g，黄芩炭 15g，生地 15g，丹皮 10g，仙鹤草 30g，萆薢 15g，陈皮 10g，焦三仙各 10g，生甘草 10g，7 剂，水煎服。

二诊：6 月 7 日。证如上述，再与原方出入。

处方：瞿麦穗 15g，海金沙 15g，川萆薢 15g，萹蓄 15g，丹皮 10g，大小蓟各 15g，金钱草 30g，蒲公英 30g，仙鹤草 20g，焦三仙各 10g，车前草 10g，7 剂，水煎服。

另方：琥珀末 5g，西黄丸 5g，每日 2 次，每次 1 克调服。

三诊：6 月 27 日。6 月 25 日尿常规检查：红细胞 2×10^{12}/L~4×10^{12}/L，6 月 27 日尿路平片复查：膀胱及左侧输尿管下端可见颗粒状结石阴影，膀胱结石，小便则腹痛腰痛，苔白脉数，湿热内阻，气化失司，治以渗利排石。

处方：鸡内金 15g，金钱草 20g，海金沙 10g，怀牛膝 10g，瞿麦穗 10g，石韦 10g，生甘草 10g，车前草 30g，桑寄生 20g，泽

泻 15g，7 剂，水煎服。

四诊：7 月 10 日。服排石汤后，已解下来米粒样结石，小便已恢复正常，腰酸好转，做尿路平片复查：左侧输尿管结石消失，苔黄腻，脉象细数，湿热未除，治再原方加减。

处方：鸡内金 15g，瞿麦穗 10g，萹蓄 10g，石韦 10g，生甘草 15g，金钱草 20g，海金沙 10g，车前草 15g，大腹皮 15g，茯苓 15g，桑寄生 15g，5 剂，水煎服。

方解：

石淋乃湿热下注，尿液煎熬成石而致，临床每见小便艰涩淋痛，并因瘀阻而致腰腹绞痛，窘迫难忍，结石损伤脉络则尿血，治宜清热利湿，通淋排石，用蒲公英、草薢解下焦湿热，海金沙、瞿麦、萹蓄、车前草、金钱草通淋排石，大小蓟、黄芩、丹皮凉血而止尿血，琥珀能利水通淋，又善祛瘀，对石淋而见尿血尤宜，此例仅数诊即排出结石，小便涩痛之症全消，收效甚捷。

6. 香连丸合白头翁汤治痢疾案

王某，男，32 岁

初诊：2012 年 9 月 18 日

现病史：患者近四五年来大便稀溏不已，曾患菌痢，便时腹痛，里急后重，多处求治少效，今来求治。

既往史：有菌痢病史，否认有药物过敏。

诊断：中医：泄泻；西医：菌痢。

辨证：脾虚瘀阻，湿热互结。

治疗：和胃整肠，泄肝扶土，苦寒渗湿疏泄为法，拟香连丸合白头翁汤加减。

处方：炒白术15g，炒白芍20g，柴胡15g，木香10g，白头翁10g，楂曲各10g，茯苓10g，炒山药15g，地锦草15g，黄芩10g，败酱草10g，煨益智10g，秦皮10g，诃子10g，7剂，水煎服。

二诊：9月20日。药后便泄渐戢，肠鸣辘辘，稍稍纳食，脉细数，苔薄腻，再予效法进一步治之。

处方：炒山药15g，败酱草15g，地锦草15g，白头翁10g，楂曲各10g，刘寄奴10g，炙甘草5g，炒黄芩10g，炒白术15g，柴胡15g，炒白芍15g，煨益智10g，秦皮10g，诃子15g，7剂，水煎服。

三诊：9月30日。湿热滞交蕴，胃肠未和，晨起大便1次，溏稀薄，腹鸣辘辘，脉濡数，苔薄腻，再拟扶土抑木方。

处方：炒山药15g，诃子10g，赤石脂30g，紫草5g，刘寄奴10g，楂曲各10g，禹余粮30g，炒麦芽15g，炒薏仁15g，黄芩10g，炒白术10g，柴胡15g，木香10g，煨益智10g，茯苓10g，炙甘草5g，7剂，水煎服。

另用香连丸两瓶。

四诊：10月17日。肠鸣未愈，便行次数已减少，肠胃未和，脾湿中阻，脉濡苔薄，再予和胃清肠。

处方：炒白术15g，炒白芍20g，大腹皮10g，柴胡15g，木香10g，楂曲各10g，炒山药15g，诃子10g，山栀10g，青陈皮各10g，郁金5g，延胡10g，炒麦芽10g，炒薏仁15g，石榴皮15g，7剂，水煎服。

另用香连丸两瓶。

方解：

慢性菌痢在发作时仍表现肠中湿热，治宜和胃整肠，苦寒渗湿，泄肝扶土之法，以香连丸合白头翁汤加减，病程长者加白术、山药、薏仁、茯苓,健脾渗湿,柴胡、炒白芍疏肝抑木,久泻不止酌加诃子、赤石脂、禹余粮、石榴皮以清肠止泻。

7. 益气养血消肿法治愈脊索瘤案

陈某,男,18岁

初诊:2011年1月13日

现病史:患者骶尾部疼痛逐渐加剧半年余,大便稀薄,小便淋漓,于2010年2月至某医院摄片检查,发现骶尾部脊索瘤,或骶尾部细胞瘤,要求中医治疗。

既往史:既往体健,否认外伤及药物过敏史。

查体:患者除骶尾部疼痛外,每次大小便都感到困难,尤其是小便时,需蹲下才能淋漓不断解出一些小便,骶尾部疼痛严重时,步行艰难,精神萎靡,胃纳不佳,舌苔薄腻,脉象细濡。

诊断:中医:骨痹;西医:骶尾部脊索瘤。

辨证:肾气不足,气虚血衰。

治法:益气养血补肾,拟六味地黄汤加减。

处方:生熟地各15g、淮山药15g、山萸肉15g、枸杞子15g、杜仲15g、狗脊20g、桑寄生20g、骨碎补15g、川牛膝15g、生薏仁30g、丹参20g、仙灵脾15g、赤白芍各15g、生黄芪30g、太子参20g、炒白术10g、茯苓15g、枳壳10g、陈皮10g、焦三仙各10g,7剂,水煎服。

二诊:服药后未见减轻,舌苔薄白,脉象细弦,治以活血消肿佐以补肾。

处方:莪术10g、赤芍12g、丹参15g、生大黄9g、天龙2条、淮山药30g、生熟地各15g、桑寄生30g、仙灵脾15g、川牛膝 12g，生熟薏仁各 30g，焦三仙各 10g，7 剂，水煎服。

另用牛黄醒消丸 3g，分吞。

三诊：脉证如前，治法仍遵上意加减。原方加三棱 12g，丹皮 9g。

四诊：患者骶尾部疼痛有所减轻，大小便困难亦有好转，胃纳尚可，前方见效，原方加红花 10g，生黄芪 30g。

小金片每日 3 次，每次 3~4 片，六味地黄丸 12g 分服，牛黄醒消丸 3g 吞服。

嗣后基本按照上述方法治疗，连续服药 1 年多，骶尾部疼痛消失，大小便完全正常，于 2012 年摄 X 光片复查，骶骨中部原有大片破坏，现破坏区出现钙化。

方解：

本病根据中医学"肾主骨，骨生髓"的理论，采用补肾方法进行治疗，其骶尾部疼痛属气滞血瘀，根据"通则不痛，不通则痛"的原理，采用活血化瘀来消除疼痛，两者结合获得较满意的效果。这充分说明了中医学肾主骨的活血消肿理论的正确，同时说明了天龙消肿散结合牛黄醒消丸活血消肿对消除肿瘤起到了重要作用。

8. 理气化痰、清肿软坚治愈恶性淋巴瘤案

唐某，男，43 岁

初诊：2013 年 4 月 24 日

现病史：2013 年 2 月 21 日经某医院病理切片诊断为淋巴瘤，遂来我院请求中医治疗。

既往史：既往体健，否认甲亢等急慢性病史，否认药物过

敏史。

查体：右侧颈项有一个 6cm×2.5cm 的肿块，左侧颈项有两个肿块，一为 4.5cm×2.5cm×1.5cm，一为 2cm×2cm×1cm；按之不痛，面色萎黄，精神疲惫，四肢倦怠，舌苔厚腻，脉细濡。

诊断：中医：肉瘿；西医：恶性淋巴瘤。

辨证：脾虚气弱，运化失司，痰湿凝聚而成肿核。

治法：以理气化痰、健脾燥湿，佐以消肿软坚，拟用半夏厚朴汤合二陈汤加减。

处方：瓜蒌 30g，杏仁 10g，浙贝 15g，青陈皮各 10g，姜半夏 10g，当归 10g，枸橘李 12g，炙甘草 10g，红花 10g，黄药子 10g，苦桔梗 12g，天龙 6g，八月札 12g，川厚朴 10g，枳壳 16g，焦三仙各 10g，7 剂，水煎服。

归脾丸 12g，分 3 次吞服。

另用环磷酰胺 200mg，每日肌肉注射 1 次。

二诊：服药 1 周后，胃纳稍佳，但肿块未见缩小，舌苔厚腻，原方青皮剂量加大到 30g，再加天葵子 9g。

环磷酰胺仍以 200mg 每日注射 1 次。

三诊：用上方药 3 周后，颈项部肿块有所缩小，舌苔厚腻也较前稍化，唯胃纳差，精神疲惫，四肢无力，脉细濡，法仍遵上意加减。

原方加橘皮叶各 9g，苍白术各 12g，并把枸橘李加大至 24g，环磷酰胺每日 200mg 改为隔日 200mg，肌肉注射。

四诊：治疗 1 个多月之后，肿块较前略有缩小，为精神疲倦，四肢无力，舌苔仍较前厚腻，脉濡缓，证为脾虚气弱，气虚较甚，以益气健脾为主，佐以消肿软坚补肾。

处方：炒白术24g，炒党参12g，生黄芪24g，炒白扁豆12g，天葵子24g，仙灵脾12g，香附9g，橘皮叶各9g，天龙6g，夏枯草12g，枸橘李24g，青皮12g，柴胡6g，炙胆南星12g，昆布24g，5剂，水煎服。

环磷酰胺隔日200mg，肌肉注射。

另用六味地黄丸12克分吞，夏枯草膏500克，每日3次，每次1调羹，开水冲服，小金片每日3次，每次4片，开水吞服。

嗣后基本上按照此方每日服1剂，环磷酰胺由隔日1次注射改为每隔一两周注射1次（200mg）的维持量，经过1年多治疗，颈项肿块逐渐缩小以至消失，为巩固疗效，又继续服用中药4个多月，经某医院复查，未发现异常肿大淋巴结。2015年随访，患者身体健康，并早已恢复工作。

方解：

淋巴肉瘤，手术切除较困难，且不能解决肿块转移的问题，单用化疗虽有一定疗效，但毒性较大，容易损耗人的正气，单纯用中药治疗，往往不能迅速奏效，根据扶正与祛邪，辨证与辨病相结合的观点，在辨证治疗的基础上适当配合环磷酰胺化疗而取得了满意的效果。

9. 先温化后补益法治愈阴疽案

蔡某，男，42岁

初诊：2013年1月29日

现病史：患者自2012年8月起感到腰酸背痛，两下肢痿弱软而无力，当时检查白细胞计数多次，均于1200~4500/mm^{3}之间，分类淋巴较正常值增高，以往有肺结核，附睾结核病史，2012年

8月12日于某医院摄片显示：第9、10胸椎间隙狭窄，并见骨质破坏，有冷脓肿可见，确诊为"胸椎结核"，经西药抗结核治疗病情未能控制而日趋加重。

既往史：有肺结核、附睾结核病史，否认药物过敏史。

查体：慢性病容，形体消瘦，精神萎顿，面色发白，下肢瘫痪，行动不能自主，第9、10胸椎棘突有明显压痛，右侧胸部可扪及边界不清的肿物，站立时较明显，不红不热，苔薄黄腻，脉濡细，血沉73mm/h。

诊断：中医：阴疽；西医：胸椎结核。

辨证：肾亏致骨骼空虚，风寒乘虚而入，痰浊凝聚而成阴疽。

治法：拟温经散寒化痰，益肾壮骨法方用阳和汤加减。

处方：净麻黄6g，大熟地12g，鹿角粉3g，生狗脊15g，补骨脂12g，白芥子9g，姜半夏9g，川桂枝9g，炒白芍10g，生甘草6g，7剂，水煎服。

嘱卧（木板）床休息，加强食物营养，多晒太阳。

二诊：诸症同前，兼见盗汗、口干、发热、舌红少苔，脉细数，阴虚火旺，有渐成疮痨之势，拟养真阴，清虚热，益肾壮骨，宜大补阴丸合清骨散加减。

处方：秦艽9g，炙鳖甲15g（先煎），地骨皮15g，虎杖15g，百部12g，丹参10g，黄芩9g，怀牛膝12g，熟地12g，生狗脊12g，川续断12g，补骨脂15g，白芥子9g，7剂，水煎服。

三诊：前方服药4个多月，胃纳渐增，精神转佳，体力逐步恢复，但摄片提示冷脓疡较前增大，舌淡苔薄，脉细数，气血亏损，人参养荣汤加减，以调气补血，益肾壮骨。

处方：党参12g，焦白术9g，当归10g，生白芍10g，怀牛膝

12g，川续断 12g，补骨脂 12g，白芥子 9g，陈皮 10g，百部 10g，黄芩 10g，鸡血藤 15g，7 剂，水煎服。

四诊：前方加减服药 6 个多月，局部冷脓肿渐吸收，苔薄润，脉率 72 次/分，复查血沉为 9mm/h，已能参加全天轻工作，2014 年 6 月 4 日摄片提示局部病变轻，较以往诸片趋向好转，为防复发，尚须巩固疗效。

处方：当归片每次 5 片，每日 3 次，虎挣片每次 1 片，每日 2 次，均饭后服。

方解：

阴疽病期较长，是阴寒证，清代以前常与"流注"相混淆，自清代起才分开，流注属阳证，脓除不久可愈；而阴疽流痰是阴寒虚证，缠绵日长，始有酸胀漫肿而微高起，但不坚硬，溃后流豆腐渣样物，难以收口，身体逐渐疲弱，相当于西医的"骨与关节结核"，其病因多是痰阻通道，气血虚寒凝结而成，其大法服阳和汤，温经散寒而化痰结；溃后人参养荣汤稠补气血，益肾壮骨，本病例即用此法，再据辨证略有变化，使冷脓肿也自行吸收，故说明中医药治疗骨结核不但有效，且可免除手术。

10. 平肝熄风滋益肝肾法治愈智迟案

高某，女，6 岁

初诊：2011 年 3 月 7 日

现病史：患儿于出生后 4 天出现高热、黄疸，发热及黄疸清退后遗留不自主点头摇头症，半岁后经常抽搐。

既往史：患儿出生后有新生儿黄疸病史，否认药物过敏史。

查体：舌质红脉象弦细，经某医院脑系科诊断为脑发育不全。

诊断：中医：智迟；西医：脑发育不全。

辨证：脑髓不充，肝风未熄。

治法：平肝熄风滋益肝肾，以六味地黄汤加平肝熄风、填精益髓之品。

处方：熟地 10g，丹皮 6g，茯苓 10g，山萸肉 10g，杭菊 6g，合欢皮 6g，石菖蒲 10g，钩藤 10g，石决明 15g，珍珠母 10g，首乌 15g，益智仁 10g，生龙牡各 15g，紫贝齿 10g，陈皮 10g，枳壳 10g，焦三仙各 10g，7 剂，水煎服。

二诊： 经服上方 7 剂后患儿智力明显进步，但仍说话、言语障碍，上方加天竺黄 10g、胆南星 6g，7 剂。

三诊： 经服上方 7 剂后对事物有反应，已能说简单的话，并可提出问题或者回答问题，点头、摇头的症状得到控制，其他症状均有好转。

方解：

本例西医认为属"大脑发育不全"或"精神幼稚症"，中医认为肾为先天之本，主骨生髓，脑为髓海，心为君主之官，而主宰神明，肝为将军之官，而主谋虑，小儿先天不足或后天失养均可导致心肝肾三脏损伤，使髓海不充，神志衰弱，谋虑失常，而产生智力低下。

根据"乙癸同源"之说，用何首乌、山萸肉等药滋补肝肾精血，用合欢皮、石菖蒲、远志、益智仁，增智安神，兼用天竺黄、胆南星豁疾以助开窍，用生龙牡、紫贝齿平肝熄风，诸药配伍共奏促进智力发育之效。

11. 养心安神法治愈胆虚不寐案

郭某，女，50 岁

初诊：2013 年 10 月 26 日

现病史：素罹风湿性心脏病，头晕、失眠，反复发作 2 个月，时时心悸（阵发性心动过速）。由于反复发作，因而精神负担较重，常致失眠，近半年来经常彻夜不寐，有时只能睡 1~2 小时，但也常常被噩梦惊醒，由于长期失眠，故见头晕、头沉，精神恍惚不振，食欲不佳，目前服各种安眠药，虽不断加大剂量但均无效。

既往史：有精神衰弱病史，否认肝炎、结核、伤寒等急慢性传染病史，否认药物过敏史。

查体：舌质稍淡，苔白腻，脉细而弱。

诊断：中医：不寐；西医：神经衰弱。

辨证：心气不足，心阴亏损，胆虚不眠。

治法：养心安神，给予酸枣仁汤加减。

处方：酸枣仁 15g，远志 10g，茯神 15g，夜交藤 60g，麦冬 15g，五味子 15g，龙齿 30g，炙百合 30g，合欢皮 15g，陈皮 10g，丹参 20g，炙甘草 10g，竹茹 10g，枳壳 10g，焦三仙各 10g，7 剂，水煎服。

二诊：服上药 7 剂后，夜可入睡，连续 3 天均如此，且很少做梦，精神好转，紧张心情减轻，纳食稍增，苔腻不著，脉细略数，治已出效，仍按原方加党参 10g，7 剂。

三诊：2013 年 11 月 16 日，一般情况均好，睡眠始终安谧，为方便改服丸药，每丸 9g 重，每日早晚各 1 丸。

方解：

本例因情志不舒，思虑过度，劳伤心脾，导致心阴亏损，气血亏耗，以致神不守舍，胆虚不寐，故初诊处方以丹参、麦冬、酸枣仁、远志、炙甘草等养心，茯神、龙齿安神，伍以温胆汤加减除烦入寐，而取得心神安谧。

12. 养阴润燥，活血化瘀法治愈梅核气案

骆某，女，54岁

初诊：2014年9月21日

现病史：患者2014年8月中风后感到咽部堵闷，语声低微，口唇、舌头麻木，口燥而苦，咽干少津，无食欲，语言不清，曾服中药两百余剂无明显效果。

既往史：既往有中风病史，否认高血压病史，无药物过敏史。

查体：舌质暗红，舌面干光，脉沉弦细数。

诊断：中医：梅核气；西医：慢性咽炎。

辨证：中风之体，肝肾阴虚，津不上乘，兼有血瘀。

治法：养心润燥，活血化瘀，以增液汤加减。

处方：金银花20g，麦冬15g，玄参15g，黄连6g，瓜蒌30g，杏仁10g，浙贝15g，天花粉15g，金果榄10g，青果10g，陈皮10g，厚朴10g，石斛10g，枳壳10g，焦三仙各10g，7剂，水煎服。

二诊：口苦有所减轻，食欲略增，唾液亦有所增加，说话时仍觉堵闷，加枇杷叶10g，生地10g，香橼10g。

三诊：服上方堵闷症状基本缓解，原方继服以巩固效果。

方解：

阴虚阳亢，曾罹中风之体，津不上承，咽喉失养，虚热上蒸。故咽干燥而堵闷不适，以致语声低微，纳食不香。治疗以虚为本，标本兼顾而获得好的效果。复诊时，因去治标之品，效果稍差，可见辨证施治必须全面分析，衡量标本虚实多少，既要抓住其本，

但又不可顾此失彼。才能获得捷效。

13. 镇肝熄风，涤痰通络，治愈中风案

吴某，男，52岁

初诊：2013年7月10日

现病史：患者素患高血压病史十余载，8月3日晚暴怒之后昏然入睡，晨起醒来，即见口眼歪斜（歪向左侧），口嘴抽搐时流涎不止，半身不利，手指麻木，步履拖拉，腰膝无力，言语謇涩，头目眩晕，面目红赤，口苦咽干，心烦易怒，纳可，便干，三日一行，最近治疗收效甚微，脉弦劲略滑，舌边有齿痕，苔白腻满布，血压210/110mmHg。

既往史：既往有高血压病史十余载，否认有肝炎、结核病等急慢性传染病史，否认药物过敏史。

查体：舌质暗红，舌面干光，脉沉弦细数。

诊断：中医：眩晕；西医：高血压。

辨证：肝肾阴虚，肝阳化风，风痰窜络，本虚标实。

治法：根据"急则治其标，缓则治其本"的原则，首当镇肝熄风，豁痰通络，给予天麻钩藤饮加味。

处方：熟地15g，丹皮10g，茯苓15g，山萸肉15g，杭菊10g，钩藤30g（后下），生石决明30g，全蝎10g，白附子10g，胆南星10g，天麻10g，赤白芍各15g，石菖蒲15g，桑寄生20g，怀牛膝20g，7剂，水煎服。

二诊：上药服7剂后，患者神清、头晕、心烦、口角抽搐诸症得减，活动较前自如，在家人搀扶下可缓步行走，卧时口角流涎少许，口眼歪斜、口干，夜间尤甚，二便自调，脉弦略滑，舌

暗红，苔白腻，血压160/90mmHg，此为肝风渐熄，痰浊得化，仍遵前法，加元参15g，地龙10g，共奏柔肝熄风，散风通络之功，再进7剂。

三诊：语言清晰，二便畅利，头晕目眩，心烦易怒诸症悉除，再细审，方觉口眼歪斜左半身活动自如，可扶杖行走，步履稳健，仍口干肢软，脉弦略滑，舌暗红，苔薄白，血压150/90mmHg，上方加桑枝30g，枸杞子15g，鸡血藤20g，前后调治20天，血压稳定在150~160/90~95mmHg，口眼歪斜已痊愈，行走自如，未留任何后遗症，遂投丸剂。月后随访，患者已恢复工作。

方解：

本例素体阴虚阳亢，又因暴怒引动肝风化火，火生风动，以致气血逆乱，风痰阻滞经络而中风，故以钩藤、石决明、地龙、桑寄生、滋阴养血、化痰通络，奏效甚捷。

14. 龙胆泻肝汤加减治愈严重偏头痛案

焦某，男，52岁

初诊： 2012年5月8日

现病史：患者20余年前首次发作偏头痛，起因不详，加重2个月。头痛呈阵发性，起自左颈项部，上行至左侧巅顶，延及前额目眶上，发作多在夜间，睡后痛醒，其痛如锥刺、如跳脓，左颞痛剧如裂，且有热感，左眼红赤，流热泪，鼻塞流浊涕，汗出逐日加重，血压升高，脉搏缓慢，恶心呕吐。

既往史：既往体健，否认药物过敏史。

查体：血压100/70mmHg，舌质深红，苔黄厚微腻，脉弦滑数右浮左沉。

诊断：中医：头痛；西医：神经性头痛。

辨证：肝胆湿热类风火。

治法：清泻肝胆湿热，给予龙胆泻肝汤加减。

处方：菊花10g，白蒺藜15g，川芎10g，荆芥穗10g，当归15g，白芷15g，僵蚕10g，柴胡10g，黄芩10g，龙胆草10g，山栀10g，藁本10g，7剂，水煎服。

二诊：6月3日，上方连服7剂，自觉头痛明显减轻，发作时间，后延持续时间缩短，仍感左肩背部酸楚不适，恶心纳呆，舌脉同前，上方加蔓荆子10g，继服7剂。

三诊：7月5日，头痛好转，发作时间延至清晨五点，故可入眠，疼痛时间缩短，出汗、呕吐止，精神、食欲均较前好转，唯又外感触发左侧巅顶疼痛，程度较前轻，舌质深红较前差，舌苔淡黄厚腻，脉仍弦滑数，考虑目前湿重于热，上方去薄荷，加生薏仁30g，继服以巩固疗效。

方解：

龙胆泻肝汤系清脏腑湿热、泻肝胆实火的代表方剂，方中重用龙胆草为主药，大苦大寒入肝胆经，可泻肝胆实火，除下焦实热，辅以柴胡舒畅肝胆之气，引药入肝胆经，黄芩、栀子清热泻火，当归养血益阴和肝，菊花、蔓荆子舒散风热，藁本、川芎活血化瘀、祛风止痛，白蒺藜疏散风热祛风止痛。

15. 活血化瘀汤治疗颜面斑案

张某，女，24岁，未婚

初诊： 2014年11月16日

现病史：患者颜面部布满褐色瘀斑2月余。自14岁月经初潮,既往正常,自 2013 年 12 月起,经期逐渐后延,现每 2 个月经潮 1 次,量少挟块,色紫,经行轻度腹痛,今经净 20 余天。

既往史:既往体健,否认药物过敏史。

查体:舌质略紫,舌苔薄白,脉沉细涩。

诊断:中医:痛经;西医:原发性痛经。

辨证:颜面瘀斑,血滞月经不调。

治法:活血化瘀,疏肝调经,以柴胡疏肝散合桃红四物汤加减。

处方:红花 10g,益母草 30g,鸡血藤 20g,三七粉 10g,熟地 15g,川芎 10g,炒白芍 30g,当归 15g,柴胡 10g,香附 15g,桃仁 10g,红花 10g,泽兰 10g,丹参 20g,陈皮 10g,枳壳 10g,焦三仙各 10g,7 剂,水煎服。

二诊:上方服 7 剂后,颜面瘀斑消失大半,月经到期未至,但无任何不适感,脉沉细弦,舌质略紫,舌苔薄白,原方药继服。

三诊:原方又进 7 剂,颜面瘀斑基本消失。

方解:

心主血脉,血脉亢盛则面润泽,血脉空虚则㿠白无华,肝主藏血,血瘀气滞则颜面瘀斑生焉,此病属心肝经,与月经胎产关系密切,多发于肝郁气滞、月经延后之体,产后瘀血亦是其成因,方中桃红四物养血化瘀,柴胡调达肝郁,丹参、泽兰调经活血,香附行中之气,共奏化瘀养血祛斑之功。

16. 海藻玉壶汤治愈石瘿案

除某,女,42 岁

初诊:2012 年 2 月 25 日

现病史:左侧颈部包块渐大已历 2 年,自觉吞咽时有阻隔感,并觉咽中痰液较多,纳食佳,二便调,月经后延,轻度痛经,在省立某医院确诊良性甲状腺瘤。

既往史:既往体健。

查体:脉沉弦,苔白微腻,颈部左侧包块5cm×6cm,中度,可随吞咽上下活动,无压痛。

诊断:中医:石瘿;西医:甲状腺瘤。

辨证:肝郁化火,郁心结痰。

治法:疏肝解郁,软坚散结,化瘀清热,以消瘰丸合海藻玉壶汤加减。

处方:柴胡10g,香附15g,夏枯草30g,生龙牡各30g,瓜蒌30g,白芍30g,枳壳10g,青陈皮各10g,元参20g,海藻15g,昆布15g,半夏10g,7剂,水煎服。

二诊:上方服7剂后瘿瘤无明显变化,仅咽中痰减少,食欲较差,脉弦苔白,微腻,原方加鸡内金10g、海蛤壳10g继服。

三诊:又进7剂,瘿瘤回消1/2,食欲好转,余无著变,脉弦苔白,继服上方,共服30余剂,瘿瘤已全部消平,一切正常。

方解:

瘿之病,因为外感六淫,内伤七情,痰气交阻方成。通过临床观察,以内因为主,多因忧思恼怒,心情抑郁,久之化火,于湿痰化火而成,亦有元神亏损、肝肾之火上越与痰浊互结者,总的病机为郁火痰结,因此治疗原则应为疏肝解郁,软坚散结,化痰、清热,方中柴胡可调达肝郁,香附和血理气,青皮破气散结,牡蛎软坚散结,夏枯草清肝经热,瓜蒌散结,海藻、昆布、半夏化痰软坚,元参滋阴清热,白芍平肝养阴,合而用之,具有疏肝解郁、软坚散结、化痰清热之功,同时还具有祛邪不伤正、化痰而不伤阴之效。

17. 凉血消风散治愈紫斑案

米某，女，32岁

初诊：2013年6月3日

现病史：患者10天前突然高烧发作，体温38.1℃，在某医院静脉点滴抗生素两天后烧退，体温正常出院，3天后高烧复作，周身不适，口干，口苦，经治疗高热已退，但全身出现卵形或圆形红斑、丘疹。

既往史：既往体健，否认药物过敏史。

查体：红斑、丘疹，大小不等，大者如铜钱，小者如豆，布满全身，尤以面部、口唇、四肢、前阴、会阴等处较甚。瘙痒，大便干，小便赤，脉数苔黄。

诊断：中医：紫斑风疹；西医：荨麻疹。

辨证：血热，外感风邪。

治法：宜凉血祛风，凉血消风散加减。

处方：生地15g，丹皮10g，地骨皮15g，白鲜皮15g，蝉衣10g，紫草10g，乌蛇10g，地肤子15g，苦参15g，黄柏10g，知母10g，当归15g，荆芥穗10g，防风10g，酒大黄6g，陈皮10g，焦三仙各10g，7剂，水煎服。

二诊：服药7剂后症状减轻，瘙痒已瘥，未见新丘疹、斑块出现，口渴已减轻，二便通畅，唯阴唇部有糜烂现象，脉象苔白而质红，仍以原方去知母、苦参，连服14剂，斑块消失，痒止而愈。

方解：

此病以痒热色红而论，痒者属风；色红而热者，属血燥，风胜则燥故瘙痒脱屑，血热郁于皮肤，其色红紫，聚而不散，易生痒斑，二者相合则成紫斑风疹，故以生地、丹皮、知母、当归凉血养血，荆防消风止痒。

18. 旋覆代赭汤合半夏汤治愈反胃案

卓某，女，20岁

初诊：2013年1月30日

现病史：患者食后呕吐2年余，于餐后10~30分钟即呕吐，有呕吐之症，无恶心之感。至吐出所进饮食遂安。脘腹无明显胀痛不适感，餐后口干喜进汤饮，或喝水。但饮后又复呕吐，大便干结不适，形体消瘦，患者一度不思饮食，曾查肝功能、消化道钡餐，均无异常发现，诊为"神经性呕吐"，屡经中西医药物治疗，效果不佳。

既往史：既往体健，否认药物过敏史。

查体：患者自述发生呕吐以来，月经不潮长达7月之久，去年一度潮后复闭，迄今来潮，常感头昏，面色略显晦暗，但形体不变，性情沉闷，寡言不欢，懒于动作，时易气怒，大便5日一行，苔薄白，脉和弦小。

诊断：中医：呕吐；西医：神经性呕吐。

辨证：肝气犯胃，藏血之脏郁而失疏，水谷之海晦而不纳，经血之海阻滞不盈。

治法：疏肝和血，降逆止呕，方以旋覆代赭合半夏汤合小半夏汤加减。

处方：旋覆花15g，代赭石20g，陈皮10g，降香15g，半夏10g，丹参20g，红花10g，党参10g，炒白术10g，茯苓15g，枳壳 15g，生姜 10g，槟榔 15g，木香 10g，川厚朴 15g，莱菔子 15g，瓜蒌 30g，麦冬 15g，石斛 15g，7 剂，水煎服。

二诊：用旋覆花代赭石与小半夏汤合法，久病呕吐，次量均减少，知饥思纳，大便较前爽畅，但诉疲乏、头昏，治用原方再过一筹，并嘱怡情自朗，宽怀达观，以助药饵，原方加太子参 20g，枳实 10g，7 剂，水煎服。

三诊：药后呕吐明显好转，原方又进 5 剂，停药半年随访，呕吐未再发作，经期亦能应期来潮。

方解：

反胃一症，究于胃气不降，而本例胃气所以不降，当责之于肝之失疏。患者餐后即吐，虽经二年但形体不变，诊见脉弦非一般虚寒无火，不懊水谷之反胃可知，且面色晦暗，性情沉闷，寡言易怒，经期不潮等一派肝气失疏，气机失畅之症，肝疾而不疏，则中运滞而失降，此为本例，反胃呕吐之病机症结，"所谓受病在胃，主病在肝"是也，故以旋覆花、代赭石、瓜蒌、合欢疏肝达郁和胃，半夏、茯苓、生姜和胃化饮、消痰止呕，麦冬、石斛顾护胃之阴液，恐其呕吐日久，胃阴受损，丹参、红花和血调经、理中利气。

19. 玉屏风合缩泉丸治愈多涕症案

丁某，男，8 岁

初诊：2012 年 3 月 24 日

现病史：（母诉）患鼻炎已 4 年，主症涕出奇多，初期清稀，后来偶有稠浊，通气尚可，四时更迭而症状不减，汗多时涕更多，尿炕频繁，几无虚夕。

既往史：既往有过敏性鼻炎病史，否认药物过敏史。

查体：鼻前庭红赤粗糙，潮润，鼻腔有分泌物，舌薄苔白，脉平。

诊断：中医：多涕；西医：过敏性鼻炎。

辨证：肺怯则肺液滂沱，肾虚则摄纳失权。

治法：益气固表，纳肾缩尿。

处方：生黄芪15g，白术10g，防风10g，荆芥10g，菊花6g，葛根15g，苍耳子6g，辛夷花10g，炒山药10g，菟丝子10g，益智仁10g，乌药10g，百合10g，陈皮10g，焦三仙各10g，诃子10g，7剂，水煎服。

二诊：服上药7剂后，（母诉）涕多清稀及尿炕明显改善，鼻前庭充血已清淡，粗糙区已完整，鼻腔内多黏液性涕，舌苔薄，脉细，肺怯未见充症，肾虚逐渐改善，仍取玉屏风散合缩泉丸大意，上方加乌梅10g、五味子10g。

三诊：（母诉）服药累计20余剂，涕量减少到正常，小便次数减少，基本无遗尿，鼻前庭及鼻腔未见异常，舌薄苔，脉细。

方解：

"多涕症"一词，古今中西无此病名，以往对单纯流鼻清涕就诊者，多归为鼻渊、脑漏之类，通过多年的临床观察，认为老年人清涕滂沱，自淋而不能控制，与儿童入冬鼻涕悬挂者和鼻渊、脑漏毫无关系，而是由于肺肾阴虚，七窍缺温煦之照，垂髫皓首，五液失摄纳之权所致，所以对此类病症创名"多涕症"，临床用缩泉丸、金匮肾气丸、玉屏风散之类治疗效果显著。

20. 辨证施治治愈水肿案

周某，男，22岁

初诊：2012年4月28日

现病史：患者从2011年3月发现浮肿，尿检蛋白（++）、红细胞（+）、管型（+），经当地医院诊为"慢性肾炎"，迭经中西医治疗后，蛋白不消，于2011年11月24日又住某医院检查，确诊为"隐匿型肾炎"，经一段时间治疗后，蛋白仍不消，建议中医治疗，于2012年4月28日，求治于余。

既往史：既往有慢性肾炎病史，否认药物过敏史。

查体：上眼睑浮肿，舌淡苔白，脉细弱。

诊断：中医：水肿；西医：隐匿性肾炎。

辨证：肾虚而水无所主，精复外泄，以致肾不纳气，胃虚上逆。

治法：益气纳肾，和胃降逆，以六味地黄汤合四君子汤加味。

处方：生黄芪30g，生薏仁30g，白茅根30g，车前草30g，熟地15g，丹皮10g，茯苓30g，山萸肉15g，炒山药15g，怀牛膝15g，金樱子15g，杜仲15g，太子参20g，炒白术10g，陈皮10g，半夏10g，焦三仙各10g，7剂，水煎服。

二诊：上方服后，尿检正常，又连服20余剂，以资巩固，经连续尿检正常。

方解：

本案患者患肾炎以来前后数月均未见明显症状，仅尿检中发现蛋白（++），管型（+），红细胞（+），以后尿检蛋白（++）~（+）但久久不消，方中：生黄芪、山药、金樱子、怀牛膝等摄纳肾气之品，辅以白术、半夏、陈皮、太子参、茯苓和胃降逆，白茅根利水、清营，病情乃有转机，终于蛋白全消，健康恢复。

21. 温补肾阴治愈阳痿不育案

阮某，男，36 岁

初诊：2013 年 6 月 30 日

现病史：患者阳痿或举而不坚，纵偶获坚挺，触而即泄，且精量少，婚后 5 年未育，伴头昏腰酸，善食而形瘦，寐少梦纷，结婚前有手淫史。

既往史：既往体健，否认药物过敏史。

查体：脉沉细，舌淡苔薄白，血压 120/70mmHg，生殖器无异常。

诊断：中医：阳痿；西医：性功能障碍。

辨证：肾气不充，虚阳浮越。

治法：温肾扶阳，佐以潜降。

处方：熟地 15g，山药 15g，山萸肉 15g，枸杞子 15g，菟丝子 15g，仙灵脾 30g，仙茅 10g，锁阳 15g，肉苁蓉 15g，韭子 15g，沙苑子 15g，覆盆子 15g，杜仲 15g，川断 15g，桑寄生 20g，紫河车 6g，陈皮 10g，枳壳 10g，焦三仙各 10g，党参 10g，20 剂，水煎服。

二诊：上方服至 20 余剂，自觉临床症状明显好转，精神倍增，肌肉丰满，阳痿已愈，药既中的，仍以上方调治，嘱节制房事，养精蓄锐，服用半年后，妻子受孕成功。

方解：

本例阳痿，主要肾气不充，虚阳浮越所致，故方以"五子衍宗丸"加减变化，配合杜仲、川断，加强补肾之功效，复太子参、山药、三仙健脾益气，使后天不乏资源，以济先天。

22. 清热散结法治愈肉瘿案

张某，男，32岁

初诊：2014年6月20日

现病史：颈项两侧肿大已2年，经常低热，心慌烦热，性情急躁，动辄易怒，精神疲惫，经某医院检查诊断为"甲状腺瘤伴甲亢"，需手术治疗，患者有顾虑，因而求治于余。

既往史：既往体健，否认"甲亢"病史。

查体：甲状腺肿大约3cm×2cm，表面光滑，中等硬度，随吞咽动作上下移动，外院检查基础代谢为+34%，同位素扫描为冷结节，舌红，苔薄，脉弦数。

诊断：中医：肉瘿；西医：甲状腺瘤伴甲亢。

辨证：肝气郁结化火，灼伤津液，痰火交结，致成肿核。

治法：清热化痰，散结软坚。

处方：金银花20g，连翘30g，元参30g，蒲公英30g，马鞭草15g，天葵子15g，浙贝15g，夏枯草30g，海藻15g，昆布15g，鳖甲20g，生地10g，白花蛇舌草30g，枳壳10g，木香10g，生龙牡30g，7剂，水煎服。

二诊：服上方药10剂后肿块未见改变，低热未退，苔薄，脉弦细，仍以消肿软坚化痰为主，佐以滋阴降火。原方加丹皮10g，生龟版15g，7剂，水煎服。

三诊：肿块见软，低热已退，于上方再服药15剂。

四诊：烦躁易怒均已好转，肿块已明显缩小约1.5cm×1.5cm，原方续服15剂后去某医院同位素扫描已属正常。

方解：

肉瘿又称"瘿瘤"，相当于西医的"甲状腺瘤"，从中医角度而言，本病主要是因忧思郁结，肝脾气逆，脏腑不调，气结痰凝而成。《诸病源候论》说，"瘿者，由忧恚气结所生"，故用理气解郁、化痰软坚之法。上例的特点用药就是集中化痰软坚散结的药物于一方，对肉瘿确有一定的消散作用。方中取昆布、海藻、浙贝、马鞭草化痰软坚，活血通络，又用夏枯草、枳壳、木香、白花蛇舌草、天葵子、蒲公英疏肝理气，清热解毒，凡临床上见肝气郁结，久必化火，灼伤津液，以致阴虚时，常加生地、丹皮、生龟版作为养阴清热之用。

23. 清热行郁法治愈狐惑案

程某，男，35岁

初诊： 2013年3月6日

现病史：患者于2011年春，左侧口唇溃疡伴龟头、阴囊溃疡2年余，反复不已，经用强的松、四环素、维生素B、维生素C以及外用养阴生肌散等处理，停药即发，至2011年7月发展为龟头阴囊溃疡，双眼红赤疼痛，颈部多处毛囊炎。经某医院诊为"白塞氏综合征"，屡经医治无效。

既往史：既往体健，否认肝炎、结核等急慢性传染病史，有血吸虫感染病史。

查体：除上述症状外，尚有左下股浮肿至膝，口干喜饮，夜寐欠宁，脉细弦数，舌红，苔薄中有龟裂。

诊断：中医：狐惑病；西医：白塞氏综合征。

辨证：心脾积热，肝经郁火，灼伤津液。

治法：养阴泄热，疏肝行郁，拟用增液银花甘草汤合碧玉散加减。

处方：金银花20g，连翘30g，黄连6g，黄柏10g，合欢皮15g，生地15g，丹皮10g，元参15g，青黛10g，鸡血藤20g，当归10g，木蝴蝶10g，石斛15g，碧玉散24g，7剂，水煎服。

二诊：药后口唇溃疡明显好转，眼赤痛已消退，左下股浮肿未见消退，仍步前法，加强杀虫利湿、行瘀消肿，照上方加马鞭草10g，土茯苓15g，7剂，水煎服。

三诊：药后诸症显减，下肢浮肿略有消退，自购4剂继服，昨日因衣被不慎，客感时邪，咽痒咽痛，喷嚏、流涕，脉细弦数，舌淡红，苔薄中黄腻，有龟裂。

处方：桑叶10g，菊花10g，苦桔梗10g，淡豆豉10g，荆芥10g，芦根30g，连翘10g，玉竹12g，鸡苏散24g，2剂，水煎服。

四诊：服药后外感已愈，口唇溃疡继续好转，下肢浮肿进一步消退，求续药以巩固疗效，照二诊方去马鞭草，7剂，后二诊方为基础，辅以丹参、赤芍、蒲黄、生薏仁、浙贝等增损出入，服药80余剂，彻底痊愈。

方解：

本病患者以素体阴虚为多，且根据口、眼、生殖器、皮肤等症状还应当考虑肝经郁火，因为足厥阴肝经起于大敦，从大腿内侧上行入阴际，环绕阴囊上至小腹，上行挟胃，属肝脏，上行过横膈，散布胁肋，再沿喉咙而至颚，连接于目系，由此可见"白塞氏综合征"症状与肝经循行路线密切相关，故以疏肝解郁，而解郁当与行气和血并用，才更能加强解郁的功效。故治疗本案患者，以增液银花甘草汤合连翘、碧玉散养阴泻热，合欢皮、木蝴蝶疏肝解郁，当归、鸡血藤和血行血，既能加强解郁之功，又能反佐清热凉血；因甘寒解毒之品，久服有抑遏阳气之弊，二诊因考虑有血吸虫病引起的下肢浮肿，故加马鞭草、土茯苓杀虫利湿，行瘀消肿；三诊因感受时邪以桑菊饮合加减葳蕤汤，养阴解毒，在以后60余剂的用药过程中，用方虽有增减进退，但养阴泻热、解郁和血大法一以贯之，终能彻底治愈。

24. 地黄饮子治愈风痱案

杨某，男，32岁

初诊：2012年5月10日

现病史：（家属代诉）患者一周前突然神志不清，失语，大小便失禁，右侧肢体无力，活动受限，口向左侧歪斜，舌强不能外展，但无呕吐，畏寒发热，抽搐，曾到某医科大学附属医院求治，断为"癔病"，予针灸治疗，未见改善，反而加剧，故来求治。入院后，经各方面检查，西医诊断为病毒性脑炎及后遗症，曾用青霉素、地塞米松、加兰他敏、维生素B等治疗无效，再用中药安宫牛黄丸、清心牛黄丸、至宝丹等内服亦无效用，乃请余会诊。

既往史：既往体健，否认药物过敏史。

查体：患有精神失常，似笑非笑，似哭非哭，舌瘖不语。右侧上下肢偏瘫，大小便失禁，喉间有痰声，舌淡红，苔黄，脉弦细数。

诊断：中医：风痱；西医：癔病。

辨证：此为肾阴肾阳俱虚，痰浊蒙蔽清窍，气血不能疏通，四肢痿废不用。

治法：补肾益精，祛痰开窍，拟用地黄饮子加减。

处方：熟地 15g，山萸肉 15g，枸杞子 15g，益智仁 15g，肉苁蓉 15g，首乌 30g，杭菊 10g，石菖蒲 15g，酸枣仁 15g，远志 10g，麦冬 15g，五味子 15g，胆南星 10g，茯苓 15g，石斛 15g，桂枝 10g，陈皮 10g，枳壳 10g，焦三仙各 10g，7 剂，水煎服。

二诊：上方服 7 剂后，痰鸣音明显减少，余症同前，舌质红，苔黄，脉沉细，上方加附子 6g，继服 2 剂。

三诊：精神比较安定，似笑非笑已减，喉间声音减少，他症如前，舌质红，脉弦细，肾阴阳俱虚未复，但痰浊蒙蔽渐开，仍拟补肾益精，开窍通络之法。

处方：石菖蒲 20g，郁金 10g，远志 10g，川桂枝 10g，熟附子 6g，巴戟天 10g，熟地 15g，山萸肉 15g，赤芍 10g，桃仁 6g，肉苁蓉 20g，麦冬 10g，茯苓 15g，陈皮 10g，焦三仙各 10g，5 剂，水煎服。

四诊：服药 5 剂后，神志较清，舌瘖已除，能言但不清楚，呼之能应，大小便已有知觉，四肢仍痿废不用，舌质较红，脉沉细，药既应手，仍拟前法。上方用桃仁 10g，桂枝 6g，加红花 10g，继服 4 剂。

五诊：神志已清，语言清楚，但尚有謇涩之状，大小便已能唤人帮助，四肢不能举动，舌质红，脉沉细，再拟原方，嘱继服 5 剂。

六诊：服上方药 5 剂，语言自如，有不自觉嬉笑，上肢已能上举，有人扶持则能坐起，舌质红，脉沉细，肾精逐渐恢复，脉络逐渐疏通，再拟益气滋肾，开窍通络法。

处方：石菖蒲 10g，远志 10g，桂枝 6g，郁金 10g，麦冬 10g，熟附子 6g，巴戟天 10g，肉苁蓉 10g，生黄芪 15g，陈皮 10g，焦三仙各 10g，5 剂，水煎服。

七诊：服上方 5 剂后，语言正常，不自觉嬉笑已除，能自己起坐，但无力不能持久，二便能自理，舌苔薄白，脉沉，痰浊已开，肾精渐复，再拟益气滋阴，活血通络法。

处方：炙黄芪 15g，全当归 10g，川芎 10g，赤芍 10g，白芍 10g，桃仁 10g，红花 10g，川桂枝 10g，熟附子 10g，巴戟天 12g，麦冬 10g，五味子 10g，陈皮 10g，焦三仙各 10g，5 剂，水煎服。

八诊：服上方 5 剂后，右侧上下肢活动已正常，不仅能自己起坐，而且可在人扶持下走动，唯乏力而已，舌质红，苔薄白，脉沉细，再依前法，上方加肉苁蓉 10g，枸杞子 10g，3 剂，水煎服。

九诊：左侧上下肢已恢复正常，能独立行走，口舌干燥，舌质红，苔薄，脉沉细，肾精已复，气血已通，再拟调补气血，佐以通络，以其善后。

处方：炙黄芪 15g，全当归 10g，党参 10g，北沙参 10g，麦冬 10g，赤芍 10g，川芎 10g，桃仁 10g，枸杞子 8g，熟地 15g，陈皮 10g，焦三仙各 10g。患者又服 5 剂，病愈出院。

方解：

本例中医辨证属"中风"范畴，首先表现为失语、偏瘫，类似"风痱"，为肝肾阴阳俱虚，痰浊蒙蔽心窍之证，故先用河间地黄饮子，以补益肝肾，祛痰开窍，方中用熟地、巴戟天、肉苁蓉之类，大补肝肾之义，又配附子、桂枝以引火归原，五味子敛阴固脱，石斛、麦冬养阴生津，再用石菖蒲、远志以涤痰开窍，此方历来为治疗中风、失语、偏瘫代表方剂，故用于本病而获良效，后改用补阳还五汤，以益气活血以收全功。

25. 栀子豉汤合紫金锭愈癫证案

张某，男，40岁

初诊：2012年5月10日

现病史：（家属代诉）头痛伴神志呆板2年余。自2010年起因思虑太过，久而成疾，初见精神抑郁，继而出现头重痛，心中烦热，胸闷失眠，有时喃喃乱语，2011年昏倒1次，曾经当地中医治疗，服药未效，症状逐渐加重。

既往史：既往体健，否认癫痫病史。

查体：患者表情淡漠，神志呆滞，不欲言语，心中烦热，胸闷不适，头痛失眠，须服安眠药才能入睡，并见手颤、胁痛、胃纳欠佳，大便秘结，小便频数，脉数沉迟，舌苔霉酱色。

诊断：中医：癫证；西医：自主神经功能紊乱。

辨证：痰火内郁，扰乱心神。

治法：清心除烦，消痰化浊，用栀子豉汤加味。

处方：淡豆豉10g，炒山栀子10g，石菖蒲15g，远志10g，酸枣仁15g，茯神15g，合欢皮15g，夜交藤30g，莱菔子15g，桔梗10g，陈皮10g，紫金锭1.5g（送服），焦三仙各10g，5剂，水煎服。

二诊：服上方3剂后，患者自觉心胸舒畅，症状明显好转，两胁痛、头痛均减，大便已通，尚见手颤，下午仍觉烦热，脉数，苔霉酱色，前方已效，续服药3剂。

三诊：患者已能自述病情，各症状已日减，精神较开朗，脉转弦数，舌苔灰黑，病已好转，但痰火未全消，继用消痰清热之法。

处方：山栀子10g，胆南星10g，枳实10g，川朴10g，淡豆豉10g，莱菔子10g，瓜蒌15g，石菖蒲10g，陈皮10g，枳壳10g，焦三仙10g，5剂，水煎服。

四诊： 患者每日下午胸中烦热，下半夜已能入睡，头痛、胸痛俱已消除，胃纳好转，脉象、舌象如前，继用前法加重清心除烦之品。

处方：法半夏10g，胆南星10g，黄连3g，竹茹10g，枳实9g，莱菔子8g，川朴10g，瓜蒌15g，石菖蒲10g，陈皮10g，焦三仙各10g，5剂，水煎服。

五诊： 患者精神好转，睡眠安宁，各症基本消失，唯睡觉时有头胀，继服前方加减痊愈。

方解：

癫狂病多属实证，表现以神志异常为主，其病机或为气郁，或为痰火，《灵枢》曰："癫疾始生，先不乐，头重痛，视举目赤，甚作极，继而烦心。"本例患者精神抑郁，头痛、失眠、神态呆滞，属中医"癫证"，其病乃因精神受刺激，思虑太过，损伤脾气，痰浊内生，久而化热，痰火互结，扰乱心神所致，心烦胸闷，脉数沉实，舌苔霉酱色等，均为痰火。内郁之后，失眠、神态呆滞、时或喃喃乱语等，是由痰火上扰而引起，故立清心除烦、清痰化湿之法，用栀子豉汤加减以清心除烦，方中之胆南星、莱菔子、陈皮、瓜蒌仁除痰化浊，另用紫金锭送服，是取其辟秽化浊之功，诸药合用除痰浊、清烦热，故各症俱解。

26. 健脾疏肝，养阴活血法治愈胁痛案

石某，男，24岁

初诊：2012 年 3 月 16 日

现病史：患者因饮食减退，恶心呕吐，饮食厌油，小便黄赤 3 天，于 2012 年 3 月 3 日入某医院住院，入院检查时神清，眼巩膜及皮肤黄染，肝大肋下 1cm（质软有压痛或叩痛）脾胃扪及，腹部呈鼓状，肠鸣音稍亢进。化检：红细胞 540 万，血色素 15.5%，白细胞 7800（多核 74%，淋巴 26%），黄疸指数 70 单位，谷丙转氨酶 710 单位，白蛋白 4.138%，球蛋白 2.32%，小便检查三胆阳性，蛋白微量。超声波检查：肝区见较密、微小波形，侧腹现少量腹水，诊断为"病毒性肝炎"，曾静脉滴入大量的葡萄糖、维生素 C、激素、三磷酸腺苷、胰岛素、血浆，内服肝泰乐，复方维生素 B2，静脉注射茵栀黄等。经上述治疗，除黄疸稍减轻外，其余症状未见明显改善，故于 3 月 16 日请中医会诊，会诊后逐渐停服激素和其他西药。

既往史：既往体健，否认肝炎、结核等急慢性传染病史。

个人史：出生原籍，无烟酒等不良嗜好。

查体：诊见患者右胁作痛，腹胀低热，头晕失眠，四肢乏力，口渴喜饮，舌质嫩红，舌苔薄白、稍干，脉虚燥而无力，左带弦。

诊断：中医：胁痛；西医：病毒性肝炎。

辨证：脾虚肝郁，兼有肝阴亏损。

治法：健脾疏肝，养阴活血，拟用四君子汤合柴胡疏肝散加减。

处方：党参 10g，炒白术 10g，炒白芍 30g，枳壳 10g，橘络 10g，葱须 15g，柴胡 10g，香附 15g，黄芩 10g，当归 10g，焦三仙各 10g，茵陈 30g，海蛸 15g，茜草 12g，茯苓 15g，鸡内金 10g，7 剂，水煎服。

二诊：面色明净，食欲好转，右胁下不胀，仍有低热，失眠多梦，盗汗，头晕肢软，舌质淡红，脉虚燥比前减少而带弦象，超声波检查腹水消失，仍用前法。

处方：党参15g，炒白术12g，茯苓15g，炙甘草6g，炒白芍20g，肉苁蓉20g，首乌15g，茜草15g，浮小麦15g，糯稻根20g，橘络6g，陈皮10g，枳壳10g，焦山楂10g，炒麦芽10g，神曲10g，柴胡10g，黄芩10g，7剂，水煎服。

三诊：服上方后，仍有低热、手颤、腹胀、口渴欲饮，脉细数带涩，舌暗红带紫，苔微黄薄，此为肝郁脾滞、胃肠湿热，治宜通络活血，化湿清热。

处方：茜草15g，橘络10g，葱须10g，赤小豆10g，海蛸15g，砂仁6g，鸡内金10g，大腹皮10g，茵陈30g，泽泻10g，焦三仙各10g，柴胡10g，7剂，水煎服。

服上方后，精神食欲良好，诸症俱减，复查肝功、黄疸指数4单位，谷丙转氨酶40单位，白蛋白4.158%，球蛋白1.75%，病已治愈，观察两个多月无异常，于2012年9月15日出院，2016年6月追踪观察，未见复发。

方解：

本例为肝郁脾虚，兼见肝阴亏损，脉燥无力，左带弦。燥者动也，清代吴鞠通，称其为动数，属肝阴亏损，肝阳上亢，故先以四君子汤健脾，四乌贼骨－藘茹汤疏肝清热，养阴活血，继用通络活血，化湿清热之法，以解肝脾之郁滞，清胃肠之湿热，使肝气复能调达，脾气得以运化，诸症俱平息。

《内经》记载：四乌贼骨－藘茹汤治血竭肝伤。藘茹即茜草根，性味甘凉，微带苦涩，有清热柔肝，养血止血作用。乌贼骨即墨鱼骨,又名海螵蛸,是用其边缘之软骨,煎剂可用其整体,味咸性温,有消散风热,活血补血作用。原方由4味药组成,即四份乌贼骨,一份蘆茹以雀暖为丸(制成小豆大)用鲍鱼汁送服,目前雀暖、鲍鱼汁已不常用,分量亦不是4:1,但临床疗效仍好,余常用此两味合用治肝病,单独用蘆茹(茜草根)治疗慢性肝炎和初期肝硬化,亦有良效。

27. 养阴补肾为主,治愈顽固性痹症案

患者:李某,女,28岁

初诊:2012年4月12日

现病史:患者7年前起有间歇性关节疼痛、低热和心悸,当时在乡镇卫生院诊为风湿性关节炎和风湿热,2011年10月发现双下肢浮肿,在广州某医院诊断为"系统性红斑狼疮",有心、肝、肾损害,使用大量的肾上腺皮质激素治疗后,症状改善出院。现心悸乏力,眼睑沉重不愿睁开,全身肌肉关节疼痛,午后体温上升到38℃左右,晚上又恢复正常。睡不安宁,胃纳好,二便调,月经经常推迟,3月份曾来潮一次,现使用地塞米松1.5mg/d,计划逐步减量,求治于中医治疗。

既往史:既往体健,否认肝炎、结核等急慢性传染病史,否认药物过敏史。

个人史:月经3~4天/28~30天,上次月经为2011年12月10日,质、量、味未见异常。

查体:满月脸,脸部、背部布满红色痤疮样皮疹,心率100次/分钟,律齐,双下肢浮肿(+),舌变红,苔薄白,脉细数,谷丙转氨酶453单位,其他肝功正常,血沉3mm/h。

诊断： 中医：痹证；西医：系统性红斑狼疮。

辨证： 阴虚火旺，风湿热痹。

治法： 滋阴清热利湿，拟用四妙散加减。

处方： 生地20g，桑枝15g，土茯苓30g，元参20g，麦冬15g，板蓝根15g，丹皮10g，赤芍15g，陈皮10g，枳壳10g，防己10g，丝瓜络15g，生薏米30g，黄芩10g，焦三仙各10g，7剂，水煎服。

二诊： 以上方为基础随症加入女贞子、地骨皮、蒲公英、茵陈、忍冬藤、旱莲草等，每日1剂，服药1月余，体温基本正常，精神好转，症状减轻，面部皮疹红色变淡，仍觉体倦、酸痛，大便硬，多梦，谷丙转氨酶308单位。

教做松静功，每日3次，每次5分钟，改用下方。

处方： 沙参15g，元参15g，炒白芍20g，玉竹15g，生地15g，桑寄生15g，淮山药15g，麦冬10g，丹参20g，首乌30g，桑椹子30g，女贞子10g，甘草6g，陈皮10g，枳壳10g，焦三仙各10g，7剂，水煎服。

三诊： 服上方至7月中旬，症状继续改善，面色皮肤较前光滑，皮疹红色减退，谷丙转氨酶217单位，改用下方。

处方： 党参15g，炒白术10g，茯苓12g，枳壳10g，熟地15g，炒山药15g，首乌30g，枸杞子15g，菟丝子15g，桑椹子30g，鹿衔草15g，陈皮10g，桑寄生20g，焦三仙各10g，7剂，水煎服。

四诊： 患者两次感冒，发热、咳嗽，遂停用上方，予辛凉解表剂；9月中旬完全停服皮质激素后，少许身痛、头昏、怕冷、多梦、易惊醒，半夜3时喷嚏发作，血沉25mm/h。谷丙转氨酶正常，抗核抗体阴性。于三诊方酌加怀牛膝、丹参、杜仲、锁阳、覆盆子等，几个月喷嚏停止，身痛减轻，面部皮肤接近正常，闭经7个月后月经于10月和12月分别来潮1次，每天散步半小时，做松静功3次，每次25分钟，仍以上法处方。

2013年3月患者病情出现反复，疲乏、双脚浮肿，尿蛋白（+++），西医嘱每日服强的松20mg。

处方：太子参15g，淮山药15g，车前子15g，生地15g，冬瓜仁20g，生薏米20g，女贞子15g，泽泻15g，土茯苓30g，丹皮10g，陈皮10g，焦三仙各10g，7剂，水煎服。

五诊：治疗10天，浮肿完全消退，神疲乏力，双脚浮肿（-），尿蛋白（-），渐减强的松用量，以上方加枸杞子、麦冬各12g，五味子6g，继服。

2013年8月患者来诉，心悸、手痹，查血沉24mm/h，谷丙转氨酶375单位，心电图报告：窦性心动过速，心肌劳损，改予下方。

处方：太子参15g，土茯苓15g，五味子6g，甘草6g，陈皮10g，麦冬10g，炒白芍10g，香附10g，佛手10g，郁金10g，生地10g，枸杞子15g，陈皮10g，焦三仙各19g，7剂，水煎服。

六诊：服上方2个月余，心悸减，肝功能正常，已停用强的松，舌淡红，苔薄白，脉细。

处方：熟地15g，炒山药15g，首乌30g，枸杞子15g，桑寄生20g，覆盆子15g，菟丝子15g，土茯苓30g，麦冬10g，炒白芍10g，陈皮10g，焦三仙各10g，7剂，水煎服。

2013年11月8日，患者自觉全身情况比去年大有改善，能做一些家务，月经每隔40多天来潮一次，仍时有头昏胀、精神欠佳，嘱开始学习简单化太极拳，以资巩固。

方解：

系统性红斑狼疮在目前仍是比较棘手的疾病，在各个阶段有不同的表现，其症状比较复杂，似难与中医文献中的某一症完全相符。近年来我按四诊八纲辨证施治，结合体育疗法和少量西药，使一些患者获得不同程度的好转。本例初诊时常伴有低热、全身疼痛，辨证为阴虚火旺，风湿热痹，治以滋阴清热利湿，使虚火下降，低热消失，身痛减轻，继以滋阴养血及健脾补肾法，使正气恢复，月经来潮，强的松副作用消除，当撤去强的松后，出现怕冷，夜间喷嚏等阴阳俱虚的症状，遂投滋阴助阳之剂，病情日趋稳定。2013年病情出现两次反复，除使用强的松外，分别以利湿法治疗水肿和养心法治疗心悸，很快控制病情，并撤除激素。几年来，依靠补脾中药和体育锻炼恢复了从事体力劳动的能力。

28. 养血祛风化痰法治愈颈项肿硬偏歪案

郑某，男，33岁

初诊： 2008年3月2日

现病史： 患者身躯消瘦，冬夜露宿帐篷，夜风袭入颈项，未几忽感左半颈项肿硬右歪，一周余，其皮逐渐如革，似缚竹块，其范围长可3寸宽1寸，无何痛苦，唯颈项不能左转向前，强为之则立即复旧。

既往史： 既往体健，否认药物过敏史。

个人史： 出生原籍，无烟酒等不良嗜好。

查体： 左半颈项肿硬右歪，其皮逐渐如革，似缚竹块，其范围长可3寸宽1寸，无何痛苦，唯颈项不能左转向前，强为之复旧，舌淡苔白，脉弦紧。

诊断：中医：痹证；西医：颈椎病。

辨证：风邪阻络，气滞血瘀。

治法：益气活血，养血通络，拟用黄芪桂枝五物汤加味。

处方：生黄芪30g，当归10g，葛根30g，鸡血藤20g，桂枝10g，炒白芍20g，川芎10g，羌独活各15g，防风10g，僵蚕10g，蜈蚣2条，炒白术10g，茯苓15g，陈皮10g，枳壳10g，焦三仙各10g，7剂，水煎服。

二诊：服7剂后，尚感平适，其颈部转动稍适，原方加法半夏10g，川贝10g，胆南星10g，石菖蒲15g，以增强化瘀之功，5剂，水煎服。

三诊：5剂后，其颈项活动基本正常，唯偏右尚未完全纠正，治仍当本养血祛风、柔筋通络之法。

处方：生黄芪30g，当归10g，葛根30g，鸡血藤20g，桂枝15g，炒白芍30g，川芎10g，羌独活各15g，防风10g，蜈蚣2条，全蝎10g，炒白术10g，茯苓10g，陈皮10g，枳壳10g，焦三仙各10g，7剂，水煎服。

嘱仍继续观察服药，乃愈2个月，未见复至，心窃疑之。

四诊：今日复诊，讵知以病初愈，又出差外地，昨日归来，颈部歪斜右加剧，满目青惨，愁容可掬，低首不欲作语，其陪同来同志代语云："目前所急者，唯不能食，开呕不止。"诊脉弱视苔白，治当先其所急，和胃健脾以祛风化痰。

处方：茯苓10g，半夏10g，陈皮10g，吴茱萸10g，党参10g，当归12g，炒白芍20g，羌独活各15g，白扁豆15g，防风10g，石菖蒲15g，生姜3片，枳壳10g，焦三仙各10g，7剂，水煎服。

五诊：药后精神渐振，食量日增，呕止，原方去吴茱萸、扁豆、羌活、蒲、参，加益智仁 10g，白术 10g，川贝 10g，蜈蚣 2 条，全蝎 6g，5 剂，水煎服。

六诊：药后，精神振作，食欲增加，颈项已见柔活，肿硬已消其半。因思赋风袭络，此顽固之疾也，遂兼以大活络丹朝夕并治，每次汤药后吞服 1 丸，汤剂原方继服 3 剂。

七诊：前方丸药并治，已收显效。

处方：生黄芪 30g，当归 15g，葛根 30g，鸡血藤 20g，桂枝 10g，防风 10g，炒白芍 20g，羌独活各 15g，蜈蚣 2 条，全蝎 6g，茯苓 15g，炒白术 10g，首乌 30g，柏子仁 15g，陈皮 10g，枳壳 10g，焦三仙各 10g，5 剂，水煎服。

大活络丹仍朝夕服食。

八诊：仍即原方，略作损益并大其剂。

处方：生黄芪 30g，当归 15g，葛根 30g，鸡血藤 20g，桂枝 10g，炒白芍 20g，防风 10g，羌独活各 15g，炒白术 10g，茯苓 10g，半夏 10g，党参 10g，天麻 10g，陈皮 10g，枳壳 10g，焦三仙各 10g，7 剂，水煎服。

大活络丹改为早晚各服半丸，以资巩固疗效。

方解：

本例纯属风袭经遂，局部气血郁阻，以致肿硬如革，转动不灵，治风必先治其血，风有一分未尽，病即有一分未除；血有一分未充，病根即有一分未去。此病之所以反复，即缘于此，故后经督责其服药、休息，乃收全效。

29. 益气扶正、活血通络法治疗脑外伤案

钱某，男，33 岁

初诊：2008 年 12 月 10 日

现病史：患者于2008 年 11 月 7 日因车祸事故重伤，脑部和左臂受伤为剧，入院时不省人事，经抢救神志渐苏，约月许，会诊服中药。

既往史：既往体健，否认药物过敏史。

个人史：出生原籍，无烟酒等不良嗜好。

查体：脑部和左臂受伤，伴有神昏、不省人事，舌暗红，苔白，脉细涩。

诊断：中医：脑痹；西医：脑外伤。

辨证：气滞血瘀，瘀血阻络。

治法：调理气血，祛瘀续伤，拟用七厘散合通窍逐瘀汤加味。

处方：当归10g，赤芍15g，桃仁10g，红花10g，川芎10g，丹参20g，生地15g，杜仲15g，金银花15g，合欢皮15g，骨碎补15g，三七粉10g，血竭10g，陈皮10g，枳壳10g，焦三仙各10g，5 剂，水煎服。

二诊：此方药连服 5 剂后，尚见效益，但见其背部、小腹部及前阴上各有小脓疱 1 个，势已作脓欲穿，疏方以原方略作增减。

处方：朱茯神15g，金银花20g，连翘15g，蒲公英30g，地丁10g，元参20g，生地15g，炒白芍20g，当归10g，赤芍10g，桃仁10g，血竭10g，三七粉10g，陈皮10g，枳壳10g，焦三仙各10g，7 剂，水煎服。

三诊：又连服药 7 剂后，清热败毒消肿兼以活血破瘀，身上脓疱一一消散，唯觉精神欠佳，眠卧不佳。更方改用安神养血，补气消瘀。

处方：朱茯神15g，酸枣仁15g，远志15g，夜交藤60g，生黄芪30g，当归15g，赤芍15g，红花10g，生地15g，金银花30g，连翘10g，川贝10g，合欢皮15g，血竭10g，三七粉10g，陈皮10g，焦三仙各10g，7剂，水煎服。

四诊：续服药7剂后，精神日振，眠食有增，治仍大益气血，兼续伤宁神。

处方：生黄芪15g，当归10g，炒白芍15g，赤芍15g，杜仲15g，川断15g，丹参15g，远志10g，川贝10g，桃仁10g，红花10g，朱茯神15g，合欢皮15g，麦冬15g，生龙牡各15g，炙甘草10g，7剂，水煎服。

五诊：上药加减，共服14剂，头伤肢体疼痛既愈，卧亦能安，唯时感头昏眼黑，视物双影，此肝肾亏损之象，治重在滋肝肾。

处方：熟地15g，杜仲15g，川断15g，生黄芪30g，当归15g，炒白芍15g，川芎10g，党参10g，茯神15g，茯苓15g，半夏10g，淮山药15g，朱麦冬15g，合欢皮15g，炙甘草10g，陈皮10g，焦三仙各10g，14剂，水煎服。

六诊：上方药共服14剂后，其间因夜眠流涎，又加益智仁、乌药以缩泉，旋视物亦较明显，亦无视一为二之感，治再扩充前法。

处方：熟地30g，当归12g，炒白芍12g，菟丝子12g，怀牛膝12g，女贞子12g，茯苓12g，法半夏10g，生黄芪30g，朱麦冬15g，首乌15g，酸枣仁15g，党参15g，淮山药15g，五味子10g，密蒙花10g，蝉衣10g，木瓜15g，炙甘草10g，川芎10g，陈皮10g，枳壳10g，焦三仙各10g，14剂，水煎服。

上方药加减为用，共服14剂。医治2个月，疏方26次，服药达61剂,并兼服三七粉300g,药尚投机,患者已能外出行走,眠食正常,并能阅读书报和写作,其爱人陪伴,服侍周到,服药及时,故如此打伤之后,2个月竟收全功。

方解:

本例患者,经西医抢救1个月后,中药调治2个月,大凡外伤之证,气血亏损,血络瘀阻,治疗大要无非益气扶正,活血通络,续骨理筋,调理脏腑。但临证又贵周详,如患者腹背脓疱非问望不得而知,目之视物为二,亦非审问不详,救治病不可观大而忽细。

30. 祛风活血法治愈行痹案

王某,男,38岁

初诊: 2014年2月26日

现病史: 患者1周前因汗出当风而发关节红肿热痛,以膝关节为主,周围有散在性结节和红斑,膝、踝、肘关节游走性疼痛,但不甚剧烈,屈伸不利,后部关节处有灼热感,发病时即感咽痛,口不渴,身无汗不恶寒,二便正常。

既往史: 既往体健,否认关节炎病史。

个人史: 出生原籍,无烟酒等不良嗜好。

查体: 心肺正常,四肢大关节外观无红肿,膝关节处可见散在结节性红斑,舌质淡红,苔白,脉弦滑,化验:白细胞12.3×10^9/L,中性51%,淋巴43%,大单核6%,血沉78mm/h,抗链"0"1:800,血色素11g。

诊断: 中医:行痹;西医:风湿性关节炎。

辨证: 系风湿之邪,流窜经络。

治法：祛风通络，活血祛湿，给予桂枝芍药知母汤合黄芪桂枝五物汤加味。

处方：生黄芪 30g，生薏米 30g，伸筋草 15g，毛姜 15g，桂枝 10g，桑枝 20g，葛根 30g，羌独活各 15g，红花 10g，当归 15g，威灵仙 15g，络石藤 20g，忍冬藤 30g，海风藤 20g，苍术 10g，陈皮 10g，焦三仙各 10g，7 剂，水煎服。

二诊：服上方药后，微汗出，自感全身舒适，关节疼痛亦减，灼热感已不明显，药证相投，拟守原方加追地风 15g，川芎 10g，以助活血祛风之力。

三诊：药后，汗出较多，但觉全身舒适轻松，关节已不疼痛，舌淡红，苔薄白，脉沉缓略细，风邪已基本驱除，唯防汗出太过，故方中去苍术，加丹参 20g，怀牛膝 15g，鹤草 20g，稀莶草 15g，加强活血通络祛湿之品，以利关节。

四诊：上方连进 20 余剂，关节疼痛消失，唯近日咽痛明显，查咽部微红，舌脉同前，抗链"0"1：400，血沉 23mm/h，拟原方减羌独活、怀牛膝，加牛蒡子 10g，板蓝根 15g，以清热利咽。

五诊：上方继服 10 剂，患者情况良好，无关节疼痛，未见结节红斑复发，咽亦不疼痛，复查，血沉、抗链"0"已正常，随访至今未复发。

方解：

"风寒湿三气杂至，合而成痹"，风湿之邪客于经络，使气血运行不畅，而肢体关节疼痛，风性善行而数变，走窜经络骨节，故发为游走性疼痛，筋脉失于气血濡养，故关节屈伸不利，关节灼热并伴有红斑咽痛，为内有郁热之象。此例由汗出当风罹病，风邪为此病之主因，风邪不除，痹证难愈。祛风之法，应予辛散发汗，使邪有出路，从汗而解，故初诊方中给予苍术、防风、苏叶等外开皮毛，疏解风邪，遵古人"治风先治血，血行风自灭"之说，故方中佐以当归、红花等活血之品，以助祛风之力，症显夹热，方中配以忍冬藤以清其热，而此药系忍冬之藤蔓，不仅能清热解毒，且可达四肢经络。一诊后汗出而感全身舒适，再诊汗出较多，症已大减，使用汗法应适可而止，不宜过度，故三诊时去发散之药，予以活血通络，搜风祛湿之剂，服后诸症悉除，而获痊愈。

31. 清滋补泻法治愈热厥木僵案

秦某，男，40岁

初诊：2013年8月28日

现病史：六年来经常感觉头晕脑胀，伴心慌气短，记忆力减退，注意力涣散，睡眠时好时坏，有时劳累后感觉心慌，心跳加速，偶有脉搏间歇。曾于2008年到多处医院检查诊断有风湿性心脏病、动脉硬化症，自此精神负担日渐加重，疑虑、恐惧、悲观，对治好疾病丧失信心，近三五年来病情逐渐加重，性情孤僻，偏执易怒，喜静少言，忧郁寡欢，对外界事物兴趣淡漠，有时神志恍惚，表情呆板，反应迟钝，甚至别人不提醒不知自进饮食，这些症状时发时止，有时持续数天后始能逐渐恢复正常。2008年初因阵发性心跳动加快住院治疗，入院后严重失眠，甚至10余日也不能入睡，曾用大量安眠镇静剂，也只能短暂入眠，醒时精神焦躁不安，不思饮食，上半身汗出，时发时止，大便秘结，数日一行，有时需借助洗肠排便，体质日渐虚弱。2013年4月中旬某日，患者突然僵卧于床，神志朦胧，两目凝视，缄默不语，拒食，大便不行，诊为癔病性木僵，经中西医多方治疗不见好转，乃邀余诊治。

既往史：既往有风湿性心脏病病史。

个人史：出生原籍，无烟酒等不良嗜好。

查体：身体消瘦，卧床不动，皮肤暗黄，枯燥乏力，上半身有汗，似睡非睡，两眼凝视，表情淡漠，默然不语，气息低微，舌质红，舌苔黑燥无津，带有芒刺，脉弦实滑数，检查不能合作。

诊断：中医：热厥；西医：癔病性木僵。

辨证：心肾两虚，肝郁气结，阳明实热，痰扰神明。

治法：补肾养心清肝，理气开窍，清热豁痰，滋阴润燥通便，仿当归芦荟丸、更衣丸、羚羊钩藤汤、补心丹、滋阴大补丸、苁蓉润肠丸、小儿回春丹等等方义，综合化裁应用。

处方：酸枣仁15g，麦冬15g，五味子15g，枸杞子15g，远志10g，茯神15g，黄连6g，夜交藤60g，熟地15g，当归15g，肉苁蓉30g，山萸肉15g，天竺黄10g，胆南星10g，石菖蒲15g，龙齿30g，柏子仁15g，陈皮10g，焦三仙各10g，琥珀6g，7剂，水煎服。

二诊：9月5日，服上方药后，神志稍清，两眼微动，已能伸舌，动手，仍不讲话，不进饮食，能入睡4小时，腹鸣，矢气较多，大便未通，舌苔褐燥少津，脉弦实而数，拟就原方加乘气汤峻下阳明热结，加入人参白虎汤，以清热保阴存津。

处方：酸枣仁15g，柏子仁15g，龙眼肉15g，夜交藤60g，天竺黄10g，珍珠母30g，胆南星10g，琥珀6g，熟地15g，当归15g，肉苁蓉30g，菟丝子15g，丹参20g，陈皮10g，枳壳10g，焦三仙各10g，大黄10g，杏仁10g，厚朴10g，7剂，水煎服。

三诊：上方服7剂后，并配服粉药后，神志继清，表情恢复，但欲言不能说出，四肢能活动，大便已通，下黑质硬大便半盆余，臭味难闻，舌苔已薄，脉弦实数象已减，在原方清心豁痰、平肝基础上，加补气养阴、生津、宣利肺气之品。

处方：酸枣仁15g，麦冬15g，五味子15g，夜交藤60g，远志10g，茯神15g，天竺黄10g，钩藤20g，瓜蒌30g，浙贝10g，橘红15g，桔梗10g，石斛15g，陈皮10g，焦三仙各10g，7剂，水煎服。

四诊：服7剂后，神志完全清晰，四肢活动灵活，已能讲话，但语声不清，能进少许饮食，又大便1次，较前量少，上半身出汗较多，睡眠仍差，轻微烦躁，舌苔薄黄，脉弦仍有数象，继以养心，清热敛阴之法治之。

处方：酸枣仁15g，麦冬15g，太子参20g，五味子15g，枸杞子15g，浮小麦30g，灯芯草15g，5剂，水煎服。

五诊：服上方5剂后，已能入睡五六个小时，出汗略减，表情较前丰富，四肢活动也基本自如，已能自动翻身，讲话口齿仍不太清楚，仍心烦，舌苔薄黄，脉弦细，稍微数，拟上方重加养心清热之品。

处方：酸枣仁15g，柏子仁15g，龙眼肉10g，夜交藤60g，麦冬15g，五味子15g，生龙齿30g，黄连6g，益智仁15g，枸杞子15g，浮小麦90g，陈皮10g，焦三仙各10g，7剂，水煎服。

5次诊后，服汤药72剂，并配服药粉，病情逐渐好转，唯睡眠较差，病情、精神已完全恢复正常，表情、讲话如常人，体力日增，已能起床做轻微活动，饮食量较少，舌苔、脉象已正常，再按原方略行加减，嘱继服一段时间，以资巩固。

方解：

此例癔病性木僵，患者素有心肾两虚加之思虑过多，损及心脾，积忧过久，肝气郁结，脾气不开，气郁痰结，郁久化热，痰浊上逆，阻蔽神明，乃至木僵，虚实真假之辩乃是辨证施治关键，前人早有"至虚有盛候，大实有羸状"的名言，此患者素有心肾虚弱，本次发病已木僵十余日，病延日久，痰郁不开，脾气不开，多日不能进食，气血来源不充，故初诊时一般情况已堪为衰竭，貌似虚极，但病者神志昏蒙，舌苔黑而燥，脉弦实滑数，大便已有 17 日未行，乃热极伤津，阳明燥结之大实征象。根据《景岳全书》记载"……或郁结气逆有所未散，或顽痰瘀血有所留藏，病久之羸，似乎不足，不知病本未除，还当治本"，及杨乘六指出"症有真假，凭诸脉，脉有真假凭诸舌"的说法，脉症合参，正符合"大实有羸状"的现象。故马老师在以攻实为主、补虚为辅、攻补兼施的治疗原则下，先用攻结泻热存阴，再以补气生津养阴之法，用当归、肉苁蓉、熟地、枸杞子、天冬等滋阴补肾、润肠通便，用胆南星、天竺黄、石菖蒲等清心豁痰，醒神开窍，炒枣仁、柏子仁、茯神、龙眼肉、琥珀等安神养心、行气导滞宽中，钩藤、羚羊角、僵蚕、全蝎等清热平肝，酸枣仁、瓜蒌仁、桔梗等宣利脾气，石斛、麦冬滋阴生津，益智仁、浮小麦固肾敛津阴。人参补气益阴生津，乃收良效，可见病有虚实真假之别，治有标本缓急之变，医者临证，务当详审权衡，方能投药对症，药到病除。

32. 补阳益气法治愈肌痹案

宋某，男，17 岁

初诊：2013 年 7 月 18 日

现病史：患者 1 个月前因感冒后出现左眼睑下垂，影响视力、气短、乏力，朝轻暮重，劳累后加重，舌淡光红，苔白，脉极细弱。

既往史：既往体健，否认肝炎、结核等急慢性传染病史。

个人史：出生原籍，无烟酒等不良嗜好。

查体：左眼睑下垂，全身乏力，朝轻暮重，劳累后加重，舌淡苔白光红，脉细弱。

诊断：中医：肌痹；西医：重症肌无力。

辨证：脾虚清气下陷。

治法：健脾益气，佐以升举祛湿，给予补中益气汤加味。

处方：炙黄芪30g，当归10g，升麻5g，枸杞子15g，党参15g，炒白术10g，茯苓15g，枳壳10g，炒白芍20g，山萸肉15g，熟地15g，柴胡10g，炒扁豆20g，玉竹15g，麦冬15g，茯神15g，陈皮10g，焦三仙各10g，7剂，水煎服。

二诊：上方服7剂后，眼睑下垂有所改善，但近日感冒愈后，不欲饮水，舌光淡红，脉右缓左细，再拟益气健脾法。

处方：炙黄芪30g，当归10g，升麻5g，玉竹10g，党参20g，炒白术10g，茯苓15g，枳壳10g，伸筋草10g，炙甘草10g，炒山药15g，麦冬15g，焦三仙各10g，7剂，水煎服。

三诊：继服上方7个月，恙情尚稳，近已停药，虽忙于应考，非常疲劳，尚能应付，仍感眼睑无力，手时微颤，左侧肌肉略瞤，舌光淡略红，脉象细缓无力，再拟益气养血法。

四诊：恙情稳定，仅左眼睑微见下垂，右手足指（趾）时有抽搐现象，脉象缓细无力，舌尖红，苔薄白，拟益气开阳，佐以疏肝养血法。

处方：炙黄芪30g，炙甘草10g，党参15g，生白术15g，玉竹 15g，谷精草 30g，熟地 15g，杭白芍 15g，升麻 6g，柴胡 6g，7剂，水煎服。

五诊：恙情尚稳，仅微感左臂酸麻，左眼疲惫，日来又稍感喉痒，脉象细缓无力，舌淡苔少，再拟益气愈痿法。

处方：生黄芪 30g，生白术 15g，润防风 10g，肥玉竹 15g，肥桔梗 10g，生甘草 10g，党参 15g，当归 15g，枳壳 10g，茺蔚子 15g，川芎 10g，陈皮 10g，焦三仙各 10g，10剂，水煎服。

方解：

本例患者患左眼睑下垂，西医诊为"重症肌无力"，按中医辨证当是素体阳虚，又加伏案学习，疲劳过度，以致气虚固卫腠理，眼睑属脾，脾气虚则肌痿下垂。《素问·痿论》说："大经空虚，发为肌痹，传为脉痿。"《内经》云："劳者温之，损者益之"。李东垣创立补中益气汤，治本患者方用升麻引气上腾，而复用柴胡使少阳之气上升，意义深刻。本例前后断服治疗3年余，用方药百余剂，大体用补中益气汤为主，根据临时病情配合，愈痿、养血、柔肝、熄风诸法，以达到补而不腻，湿而不燥的目的，既升脾阳，又不伤阴，是以最后才能取得成功，得到满意疗效。

33. 益肾理湿和络法治愈淋浊案

杨某，男，42岁

初诊：2014年12月6日

现病史：患者近7年来腰腹酸痛，尿道灼热，常有乳白色分泌物淌出，有时溲色黄赤或浑浊，并伴有全身关节酸痛，曾经某医院多次前列腺液检查，诊为"慢性前列腺炎"，使用磺胺、抗生素和中医补肾清利药，疗效不佳。

既往史：既往体健，否认肝炎、结核等急慢性传染病史。

个人史：出生原籍，无烟酒等不良嗜好。

查体：来时除上述症状外，尚有自汗、少眠，脉象细弦，舌苔薄黄。

诊断：中医：淋浊；西医：慢性前列腺炎。

辨证：肾虚夹浊，络脉失和。

治法：益肾、理湿、和络，标本兼顾，给予八正散合萆薢分清饮加减。

处方：萆薢30g，黄柏10g，土茯苓30g，生薏米30g，生黄芪30g，白茅根30g，天花粉20g，芦根20g，石韦15g，滑石15g（布包）、怀牛膝15g，桑寄生20g，独活15g，炒苍术10g，法半夏10g，陈皮10g，焦三仙各10g，7剂，水煎服。

二诊：服药后，腰腹虽然轻松，但小便极浑浊，如糜粥样。其味奇臭，乃湿浊外出之症，拟方踵前制。

处方：桑寄生20g，怀牛膝15g，枸杞子15g，巴戟天15g，独活10g，法半夏10g，芦根20g，炒苍术10g，炒黄芩10g，生薏米30g，茯苓10g，麦冬10g，六一散1包，生牡蛎15g，荷叶10g，天花粉10g，7剂，水煎服。

三诊：诉服1、2剂药时，腰酸明显，小便浑浊，色白，尿道已不觉灼热，第3剂后，小便转清晰，腰腹舒适轻快，全身关节亦有好转，汗出如前，湿浊十去八九，肾虚尚未尽复，原方增损。

处方：桑寄生15g，怀牛膝15g，枸杞子10g，巴戟天10g，炒苍术10g，法半夏10g，炒黄芩10g，天花粉10g，麦冬10g，生牡蛎12g（先煎），茯苓10g，生龙骨12g，鲜芦根20g，生薏米

30g，荷叶 10g，7 剂，水煎服。

四诊：迭投补肾、理湿、和络之剂，腰部已无明显感觉，小便清稀，尿道无分泌物淌出，全身关节亦不酸痛，唯仍自汗，夜眠不佳，苔色淡黄，脉细，拟方转入敛汗安神，用甘麦大枣汤加味。

处方：浮小麦 60g，炙甘草 10g，大枣 4 枚，炒白芍 15g，生龙牡各 30g，枸杞子 15g，生地黄 10g，沙苑子 10g，茯苓 10g，朱灯芯 3g，5 剂，水煎服。

五诊：药合病机，汗得敛，寐亦佳，腰腹舒适，小便清稀，苔脉如常，为巩固之，拟丸药调理。

处方：沙苑子 120g，生地 60g，枸杞子 60g，炒白芍 120g，茯苓 30g，法半夏 30g，炙甘草 60g，浮小麦 120g，荷叶 30g，大枣 20 个，以上共为细末，另以生龙牡各 180g，朱灯芯 60g 煎汤水注丸，如绿豆大小，每次 4.5g，每日 2 次，开水送下。

方解：

中医学无前列腺炎病名，但据其主症，如尿道常有白色分泌物，尿道灼热、腰痛等表现应属"肾虚尖湿、湿热下注、淋浊、腰痛"等证候范畴，本例病程长达 7 年之久，不知服过多少导赤散、八正散之类，亦不知用过多少左归、右归之剂，清利不效，补也无益，必别有故在。余认为本例属虚实夹杂之证，虚在肾，实在湿浊，肾虚则外府失养，故腰酸痛，肾虚则固摄无权，则精微脂液下流，故尿道常有乳白色分泌物淌出，此为虚象，肾气不化于膀胱，则积湿生热，湿热下注，故尿道灼热，溲黄赤而浑浊此属实证，关节酸痛、风湿痹于脉络，亦是虚实参半之候。全疗程五诊，可分两个阶段，一至三诊治以标本兼顾，治本以补肾固摄，治标以化湿和络，初诊方药服后，小便混浊如糜粥样，味奇臭，是湿浊从小便排泄之趋势，是以二诊方守原制而加重补肾之药物，以增强肾脏之功能，使湿浊继续下泄，药效应手，二诊方药服至第3剂时，小便已得清稀，腰腹舒适，关节酸痛亦好转，湿浊大势已去，除恶务尽，是以三诊方删去独活，易龙骨、牡蛎，以加重固摄之力，将清利之品，小其制，是以继续清除残余之邪，三诊9剂汤药，使湿污清，络脉和肾虚除复。

四诊时，除自汗依然，夜寐不佳外，余无明显自觉症状，方用甘麦大枣汤加味，敛虚汗，安魂魄，效如桴鼓；五诊是用补肾养心、稍佐升清降浊之品组方，巩固疗效，以收全功。

34. 培土健脾法治愈内燥案

谢某，男，53岁

初诊：2013年8月26日

现病史：患者口、眼、鼻、咽喉干燥2年，不耐多言，咽喉堵塞感，两目涩，口舌干燥，视物模糊，视力下降，两膝关节乏力，活动不利。

既往史：既往体健，否认肝炎、结核等急慢性传染病史，否认糖尿病病史。

个人史：出生原籍，无烟酒等不良嗜好。

查体：鼻黏膜苍白、少液，咽部两侧索肥大，余（-）。

诊断：中医：内燥；西医：干燥综合征。

辨证：人谓干燥综合征即中医之燥证，实则绝非尽然，中医之燥证泛指急性劫液者也，考水谷至入胃经腐熟而脾化精微之后，肾藏之，肺布之，以滋养五官百骸。病历2年，事非劫液，良以脾失生化之源而然，正以津血同源，津枯者血亦无从自容，血不荣于筋脉，故关节除待津液濡养外，血之滋养更为重要，津枯血槁，关节焉得平安？

治法：拟取培土健脾，则生津益水在其中也，故以参苓白术散加减。

处方：党参10g，炒白术10g，茯苓10g，枳壳10g，生山药10g，白扁豆10g，陈皮10g，甘草6g，石斛15g，麦冬10g，玉竹10g，黄精20g，当归10g，10剂，水煎服。

二诊：药后目已有泪，口干稍轻，两膝关节无劲及运动不灵活，似乎也有所改善，诊同上诊，舌质淡苔薄，脉细，中州不健，难化精微，七窍之清明待津液，关节之濡养也赖津液，仍取健脾土以生津液为法。

处方：党参10g，茯苓10g，山药10g，白扁豆10g，石斛15g，桑寄生10g，杜仲10g，秦艽6g，功劳叶10g，黄精10g，乌梅10g，7剂，水煎服。

三诊：药治之后，咽干唯在夜间出现，鼻腔已有舒服感，眼睛稍滋润，两膝关节边有不同程度的好转，鼻腔少液，咽部两侧索肥大，舌胖苔薄白，脉细数，血不营于关节，则酸痛乏力，津不濡于七窍，乃诸窍干涩，以津血同源，共荣共辱，息息相关，服药以来，俱取健脾入手，盖精微生他，津血来源皆在中土之故，不过慢性病毕竟善消时日，难赋之速痊。

处方：党参10g，茯苓10g，白扁豆10g，山药10g，当归10g，白芍10g，石斛10g，黄精10g，乌梅10g，桑寄生10g，功劳叶10g，7剂，水煎服。

四诊：口干、咽燥、眼涩、鼻槁，虽不若曩者之甚，任终难告失,两膝关节已轻松,但腰酸,肩背部有牵掣感,鼻黏膜较干,两侧索肥大,潮红,舌胖苔薄,脉细,症称干燥综合征,津液之干枯可知,治当生津养液,但以脉细舌胖,主在脾衰,而难化精微,事非脾肾失职,取培土养金之法,盖兑金一旺,坎水亦充。

处方:党参10g,茯苓10g,白术6g,白扁豆10g,山药10g,石斛10g,天花粉10g,芦根30g,沙参10g,乌梅10g,松节2个,7剂,水煎服。

五诊:诸窍干燥较前润,唯眼睛干燥,视物总难明察,久坐则腰酸,除咽部两侧索肥大,余无病变,舌胖苔薄,脉细,培土生金,似最恰切,估养胃阴,俾抄捷径。

处方:党参10g,茯苓10g,白扁豆10g,山药10g,石斛10g,黄精10g,沙参10g,乌梅10g,功劳叶10g,杜仲10g,7剂,水煎服。

六诊:累进参苓白术散加减130余剂,五言干燥基本消失,鼻咽无异常,舌淡胖苔薄白,脉细,培土生金,津液充沛,得以灌溉诸窍,覆杯在望,切莫功亏一篑,唯药量可取维持以巩固。

处方:党参10g,茯苓10g,白扁豆10g,山药10g,石斛10g,黄精10g,玉竹10g,沙参10g,乌梅10g,功劳叶10g,7剂,水煎服。

方解:

干燥综合征,中医多言劫耗津液之燥证,其治疗:急性燥证者,多为外燥,为肺肾阴劫所致,故可以肺肾论治;慢性燥证者,多为内燥,则为脾虚生化失职,当以脾肾着手。本例燥证虽属阴虚之病,但病程2年,观其舌脉,都为脾虚之象,是津液乏源所致，无以补充肺肾润窍，实乃燥证为标，脾虚是本。李东垣所谓"胃气一虚，耳、目、口、鼻俱为之病者是也"，故用参苓白术散培土健脾，生津益水，以其治本，佐以石斛、黄精等药压抑其标，从而使缠身2年之病渐愈。可见，在治疗错综复杂的疾病过程中，注意标本兼顾，实为重要之法。

35. 生脉饮治愈咳血案

蒋某，男，2岁

初诊：2014年5月21日

现病史：患者去年曾经咳血，治疗后血止，咳嗽迄今未根除。入春肝旺阳开，头昏目眩，夜来盗汗，五心烦热，午后面部潮热加重，昨日夜晚痰中带血，今日盈口不止，故来我院中医科求治于余。

既往史：既往体健，否认肝炎、结核等急慢性传染病史。

个人史：足月顺产，体健。

查体：胸闷气逆，四肢乏力，面色㿠白，形瘦青立，两脉芤而兼数，已入劳损之途。

诊断：中医：虚劳、咳血；西医：不明原因性咳血。

辨证：气血涣散，阴阳脱离。

治法：益气生脉，止血，拟用生脉饮加味。

处方：白人参10g，麦冬10g，五味子10g，阿胶珠6g，白茅根10g，侧柏炭10g，旱莲草10g，炒白术6g，茯苓6g，陈皮10g，焦三仙各10g，7剂，水煎服。

二诊：服3剂生脉饮已奏效，咳血大减，气逆略平，脉象转缓而重按无力，口渴喜饮，精神萎顿，面乏华泽，出血过多，气血俱伤，虽见生机，未逾险境，更以原方加味。

处方：太子参10g，麦冬10g，功劳叶10g，阿胶珠6g，川贝母6g，侧柏叶10g，怀牛膝10g，旱莲草10g，白茅根10g，陈皮10g，焦三仙各10g，7剂，水煎服。

三诊：前方连服2剂后，咳嗽已稀，气逆渐平盗汗已收，昨日痰中见有紫色血块，胸胁仍有隐痛，口渴喜饮，脉象濡软，离经瘀血未去，仍应防出血再来，花蕊石散继之。

处方：太子参10g，川贝6g，煅花蕊石10g，麦冬10g，功劳叶10g，鹿衔草10g，茜草10g，冬瓜仁10g，三七粉6g，怀牛膝6g，7剂，水煎服。

四诊：气平血止，精神好转，咳嗽胸痛不若前甚，瘀血已去，新血得生，唯独瘵况欠安，脉缓无力，尺部仍虚数，一波虽平，无如损怯已成，恢复非易，再拟肺肾同补药，外应珍摄。

处方：太子参10g，川贝母6g，天麦冬各10g，炒白薇10g，生地10g，炙百部6g，阿胶珠6g，杏仁4g，冬瓜仁10g，黄芩15g，琼玉膏30g（冲），7剂，水煎服。

五诊：咳嗽已平，脉象较前有力，治以原方，以北沙参易太子参继服。

方解：

患者去年冬天曾经咳血，治疗后血止咳未休，至春风末行令，木火上犯，肺叶本损，一触即发，血涌而来，出血过多，乃至气阴俱伤，而成虚脱，用生脉散确为背水一战之策，旨在两救气津，服后症势见转机，二诊仍宗原意加阿胶、旱莲草、白茅根养阴止血，怀牛膝引火下行，病势速见好转，三诊因痰中见有紫色血块，又仿人参、花蕊石散加三七扶正化瘀，以后次第调摄而安。

36. 通阳利水法治愈水肿案

杨某，男，21岁

初诊：2012年7月28日

现病史：患者于7月3日在烈日下跑完1万米后出现烦躁、谵语、手足躁动，曾有呕吐，继而昏迷，急送当地医院，测血压80/50mmHg，次日虽神志清醒，但发热39℃，且有少量鼻血，第3日尿量明显减少，每日在400ml左右，全身浮肿，血压增高，每日呕吐七八次，于7月28日转入我院。经全面检查，诊断为"急性肾功能不全"，屡用西药无效，应邀会诊。

既往史：既往体健，否认肝炎、结核等急慢性传染病史，否认肾炎等病史。

个人史：出生原籍，无烟酒等不良嗜好。

查体：发热39℃，神志清晰，且有少量鼻血，全身浮肿，小便量少，呕吐气急，舌淡苔黄，脉象滑大。

诊断：中医：水肿；西医：急性肾功能不全。

辨证：烈日下剧烈运动，暑湿内闭，高热神昏，暑热伤心，劳倦顺逆，损伤脾肾，以致气化不利，水湿内停，面浮足肿，小便短少，呕吐气急，血压偏高，脉象滑大，舌红苔黄。

治法：治以化气利水，兼清暑热，拟五苓散合瓜蒌瞿麦汤加减。

处方：生黄芪30g，生薏米30g，白茅根30g，车前草30g，石韦10g，瞿麦15g，茯苓20g，滑石粉10g，桂枝10g，怀牛膝15g，天花粉15g，猪苓10g，炒白术10g，7剂，水煎服。

二诊：药后尿量增多，浮肿渐消，口干、头昏，血压偏高，脉大，舌红，上方去桂枝、白茅根加谷精草30g，旱莲草30g，龙胆草10g。

三诊：小便转长，脉左缓，右滑大，重按无力，曾呕吐1次，上方去龙胆草加黄连6g，竹茹10g，7剂。

四诊：脉缓，舌苔厚腻灰黑，前方去滑石，再进7剂。

五诊：血压仍高，脉大而缓，苔黏，前法显重进，上方去竹茹，加黄芩10g，7剂。

六诊：病瘥，水肿退尽，血压已降，面容已转红润，胃纳，精神均佳，舌淡红苔微黄，拟调肝益胃，清热化湿善后。

处方：谷精草30g，旱莲草30g，怀牛膝15g，泽泻10g，瞿麦10g，白茅根30g，车前草30g，茯苓15g，地骨皮10g，桑白皮10g，7剂，水煎服。

方解：

本案先病暑厥，后病水肿，属暑湿内闭，厥后脾胃气化失司，故与一般水肿不同，初诊参照仲景五苓散瓜蒌瞿麦丸加减，以通阳利水为先，服后水溲增多，水肿渐消，二诊病减去桂枝。茅术之辛温加旱莲草、谷精草、龙胆草，清肝热、止头痛，三诊加黄连、竹茹之止呕，由于辨证正确，用药得当，水肿尽退，病愈。

37. 清热解毒、养阴凉血法治愈火赤疮案

王某，男，18岁

初诊：2012年3月26日

现病史：全身遍发大小不等红斑、丘疹、水疱，剧烈瘙痒半月，查体温37.2℃，脉搏90次/分，呼吸17次/分，血压120/80mmHg，腋后、肩胛部、臀部四肢等处皮肤可见风团、丘疹、水疱并伴有色素沉着。皮损呈簇集性成群分布，水疱自蚕豆

至乒乓球样大小不等，疱壁厚而紧张饱满，周围有红晕，前臂外侧、臀部等处因搔后水泡破裂，而成大片红色糜烂面，表面附有黄色结痂。尼氏征阴性，诊断为"疱疹样皮炎"，经西医内服外用治疗后，皮疹仍不断，反复发生，自觉奇痒难忍，糜烂面扩大，因而求治于余。

既往史：既往体健，否认药物过敏史。

个人史：出生原籍，无烟酒等不良嗜好。

查体：体温37.2℃，脉搏90次/分，呼吸17次/分，血压120/80mmHg，全身风团、红斑、水疱仍不断发生，躯干、臀部、四肢等皮肤仍见大片红色糜烂剥离面，血水淋漓，瘙痒难忍，伴高热，心烦，口干欲饮，大便秘结，胃纳尚可，舌红苔中光剥，脉来细数。

诊断：中医：火赤疮；西医：疱疹样皮炎。

辨证：热毒炽盛，阴液耗伤。

治法：清热解毒，养阴凉血，拟以黄连解毒汤加减。

处方：金银花20g，连翘15g，黄连6g，黄柏10g，生地15g，丹皮10g，地骨皮15g，白鲜皮15g，蝉衣10g，紫草15g，乌梢蛇10g，地肤子15g，地丁30g，蚤休10g，石斛15g，麦冬15g，生甘草10g，7剂，水煎服。

二诊：身热退，口干减轻，皮肤瘙渗水已减，但大片剥脱新糜烂仍见，舌质红，苔中光剥，原方增入补益气血之品继进。

处方：原方去黄连、连翘、地丁、石斛、丹皮，加党参15g，生黄芪30g，当归15g，生薏米30g，7剂，水煎服。

三诊：前方药续进10剂后，皮肤剥脱糜烂之处渗液减少，部分渐趋愈合，口干减轻，胃纳尚可，再以清热解毒，益气养阴并进。

处方：蚤休10g，生薏米30g，生地15g，生甘草10g，生黄芪30g，党参15g，天麦冬各10g，生白术10g，玉竹10g，制黄精15g，10剂，水煎服。

四诊：上药方连进30余剂，新疱未再发生，渗液大量减少，剥脱糜烂皮肤大部分愈合，胃纳亦佳，口不干，舌质红，苔已生，脉细，热清毒尽，正气恢复，立方以扶正为主，兼清余邪。

处方：生黄芪30g，党参15g，当归15g，生熟地各20g，丹参20g，玉竹15g，天麦冬各15g，炒白术15g，丹皮9g，金银花30g，生甘草6g，山萸肉10g，10剂，水煎服。

五诊：上药方服10剂后，皮肤剥脱糜烂全部愈合，渗液已无，唯原糜烂处稍有瘙痒，仍以上方去山萸肉、丹皮加防风、地肤子继进，服药10剂后，患处皮肤正常，瘙痒已除，病愈。

方解：

疱疹样皮炎属中医"火赤疮"之类，本证羔延百日，高热匝月，热毒炽盛，气阴耗伤，属邪实正虚。先投清热解毒、养阴凉血之品，大剂频服，5日后热毒之邪稍挫，即用参芪益气生肌，与清热解毒之味并举，尔后邪趋尽而正未复，则治以扶正固本为主，立法处方，条理井然，经治2个月余，病即痊愈。

38. 凉血解毒、滋阴清热法治愈营血热毒案

李某，男，45岁

初诊：2013年3月23日

现病史：患者2013年3月20日剧烈腹痛2次，乃于3月23日入院查体，体温40℃，神志不清伴腹痛、谵语。实验室检查：

白细胞 12.9×10^9/L，中性 85%，淋巴 14%，单核 1%，诊断为"腹膜炎引起毒血症"，曾用青霉素、链霉素、金霉素等治疗无效，乃邀余会诊。

既往史：既往体健，否认腹膜炎病史。

个人史：出生原籍，无烟酒等不良嗜好。

查体：神志昏迷，高热、谵语，满腹膨胀如牛肚，口渴、舌绛干起刺，脉转疾数，170次/分。

诊断：中医：热毒侵入营血；西医：急性腹膜炎引起毒血症。

辨证：热毒侵入营血。

治法：凉血解毒，滋阴清热，选用犀角地黄汤合黄连解毒汤加味。

处方：水牛角30g，黄芩10g，元参30g，金银花30g，连翘15g，黄连6g，生地30g，栀子12g，黄柏12g，赤芍12g，丹皮10g，至宝丹1粒（化服），7剂，水煎服。

二诊：服药7剂后，体温退至38℃，神志转清，较能安睡，舌绛转淡而稍润，腹仍膨大，渴甚，将原方加麦冬15g，再进2剂。

三诊：热又升至39℃，神志时清时昏，全身浮肿，腹虽膨大已柔软，渴减，舌绛起黄疱，脉搏126次/分，原方再服2剂。

四诊：病势大见好转，神志正常，体温38℃以下，舌仍干绛，舌面溃疡结痂，甚感痛苦。

处方：水牛角30g，生地30g，元参30g，金银花30g，麦冬30g，丹皮10g，连翘10g，赤芍12g，黄连6g，黄芩10g，栀子12g，黄柏12g，3剂，水煎服。

五诊：连服上药方3剂，热完全退清，口不渴，全身浮肿消失，腹膨亦消软如常，食欲渐复，可进稀饭一碗，唯口舌糜烂，不便进食，二便正常。

处方：生地 30g，元参 30g，麦冬 20g，白芍 12g，黄柏 10g，金银花 15g，连翘 10g，黄芩 10g，栀子 10g，蒲黄 10g，龟板 30g，7 剂，水煎服。

六诊： 诸症愈，时感饥饿，食量倍常，唯耳鸣，脉细无力。

处方：北沙参 12g，党参 12g，当归 10g，生地 15g，阿胶珠 10g，白芍 15g，麦冬 12g，6 剂，水煎服。

服上方 6 剂后，神旺体健，病痊愈。

方解：

此病来势极其凶险，属"热毒侵入营血"的范畴，苟非大剂甘寒，救液苦寒泄热解毒，恐难收效。至于满腹膨大胀急，敲之其声如鼓，此乃邪热毒气内充，非同肠中燥结之坚实，只需泻下即可内消，观其舌绛，无苔，即可查其肠中无燥结或湿热之邪，而其热毒只侵入营血之中，若用攻泻消胀，徒事克伐，其所以中途出现全身浮肿者，乃热毒之气涣散使然，故仍坚守原方不变。当时若改弦易辙，妄用利水消肿之剂，势必重伤其阴而变生不测。

后 记

本书传记部分由于泽俊撰写，医案部分由马牧西和他的学生撰写。马牧西先生的学生程森、雷亮、陈涵、王兴财等人参与了整理写作，其中部分医案是由马牧西先生亲自执笔撰写的。马牧西先生对全部医案进行了审阅。马牧西先生一生行医，积累了丰富的临床经验，在中医理论上也有很大突破，因还在临床一线忙于工作，来不及进行系统整理，本书所附医案仅仅是他行医过程中创造的经典案例中的一小部分，仅供患者和医务工作者参考，系统整理工作还有待于将来完成。

传记中没有放一张与领导人合影的照片、没有一幅领导人的题匾，不做任何拉大旗作虎皮之举，只是按照事实来阐述牧西先生从医三十七年来的真实业绩。这是牧西先生的意见，也是他一生行医、做人的准则。

本书在出版过程中得到了著名作家张俊彪先生的支持。在写作过程中，原甘肃电视台副台长张庆明先生、原名老中医门诊部主任马志谋先生、甘肃省农业银行副行长马俊智先生以及马牧西先生的学生们提供了大量的素材，张庆明先生和兰州长风厂张晓玲女士为本书提供了部分照片，在此一并表示感谢。

于泽俊